正气 大气 灵气

高中校本德育教材

HANGZHOU NO.14 HIGH SCHOOL

邱 锋 主 编　冯冬怡 副主编

浙江工商大学出版社
ZHEJIANG GONGSHANG UNIVERSITY PRESS

图书在版编目（CIP）数据

正气 大气 灵气：高中校本德育教材 / 邱锋主编.
— 杭州：浙江工商大学出版社，2018.1
ISBN 978-7-5178-2453-4

Ⅰ．①正… Ⅱ．①邱… Ⅲ．①德育－高中－教材
Ⅳ．①G631

中国版本图书馆CIP数据核字(2017)第292779号

正气 大气 灵气：高中校本德育教材

邱 锋 主编 冯冬怡 副主编

责任编辑	郭昊鑫 沈 娴
封面设计	王妤驰
责任印制	包建辉
出版发行	浙江工商大学出版社
	（杭州市教工路198号 邮政编码 310012）
	（E-mail：zjgsupress@163.com）
	（网址：http://www.zjgsupress.com）
	电话：0571-88904980,88831806（传真）
排 版	杭州朝曦图文设计有限公司
印 刷	虎彩印艺股份有限公司
开 本	710mm×1000mm 1/16
印 张	16.25
字 数	217千
版 印 次	2018年1月第1版 2018年1月第1次印刷
书 号	ISBN 978-7-5178-2453-4
定 价	48.00元

序

随着改革开放的不断深入,媒体文化以及网络文化对人们的思想产生了各种影响,尤其是使当今部分青少年学生不能分清是非曲直、明白公德伦理。因此,如何通过学校课程教育来提高青少年学生的伦理道德水平,如何提高学校道德课程教育的实效性,成为各类学校面临的重大问题。面对这一新课题,教师该怎么办? 是随心所欲,"脚踩西瓜皮,滑到哪里算哪里"呢,还是以"预设"掩盖生成,一味"走教案",忽视捕捉生成性的资源,错过将其转化成新课程德育教育资源的绝佳机会呢? 前者让学生不知所措,缺乏教育的系统性,失去了课程的意义;而后者则让学生郁闷,提不起兴趣,失去了教育的实效性。新课程追求生成性,这是新课程的魅力所在,也是新课程的艰难所在。随着课程建设的推进,作为综合社会实践活动课程之一的班会课,对处于世界观、人生观、价值观形成阶段的青少年学生的影响越来越重要。

华东师范大学原副校长叶澜教授曾说过:"课堂应是向未知方向挺进的旅程,随时都有可能发现意外的通道和美丽的图景,而不是一切都必须遵循固定线路而没有激情的行程。"为了更好地发挥学校班会课的实效性,结合社会热点和学生生活中的故事,我校把以"正气、大气、灵气"(简称"三气")教育为核心的德育序列化课程,编写成了趋于开放的德育教材,让学生在阅读教材的同时不断生成新的道德感悟,让教师在陪伴学生共同思考社会问题的同时使课堂活动更加丰富多彩,将品德课生成性大大增强。我们相信,随着这本教材的编印完成，投入使用，课堂的动态生成必将成为我校班会课自新课程改革以来的最大亮点之一。

校长　邱　锋

2017 年 8 月

目 录
Contents

▼ 正气篇

大气篇

灵气篇

正气篇

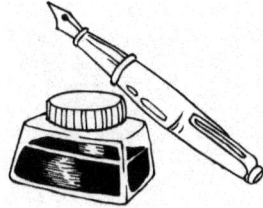

第 一 章

责 任

"钱江潮头,钱江后浪推前浪,树起远航的桅杆,激浪中升腾金色的理想。同学们,扬起风帆,勇做民族的脊梁。"正如校歌中所唱的一样,我们每一个十四中人,都应勇做民族的脊梁。在人类社会发展的长河中,能够担起脊梁重任的,往往是那些能毫不犹豫承担起责任的人。中学时代正是成长过程中世界观、人生观、价值观形成的最重要时期,作为一名"正气、大气、灵气"的十四中人,应当为在将来成为一名有责任感的社会公民而努力!

第一节　社会责任

现实扫描

2010 年 9 月 27 日,360 发布隐私保护器,正式向 QQ 宣战;

2010 年 10 月 3 日,迅雷宣布支持 360,呼吁 QQ 接受网络监管;

2010 年 10 月 8 日,QQ 电脑管家全面封杀 360 隐私保护器,盛大宣布支持 360;

2010 年 10 月 12 日,360 发布隐私保护白皮书,QQ 发布弹窗声明;

2010 年 10 月 14 日,腾讯正式起诉 360 不正当竞争;

2010 年 10 月 26 日,金山加入战团,指责 360 证据不足;

2010 年 10 月 28 日,360 前元老傅盛加入战团,指责 360 针对 QQ;

2010 年 10 月 29 日,360 推出 360 扣扣保镖软件,暴力干扰 QQ 软件;

2010 年 11 月 3 日,QQ 全面封杀 360;

2010 年 11 月 4 日,360 发布公开信,决定召回扣扣保镖。

…………

回顾 2010 年的互联网行业,不能不提腾讯和 360 为了各自利益而展开的前所未有的互联网之战。

腾讯 QQ 和奇虎 360 的争端在 2010 年年初腾讯推出 QQ 医生时便

初现端倪。5月31日,腾讯悄然将QQ医生升级至4.0版本并更名为QQ电脑管家。中秋节期间,QQ软件管理和QQ医生自动升级为QQ电脑管家,涵盖了云查杀木马、系统漏洞修补、安全防护、系统维护和软件管理等功能,这也是当时360安全卫士的主流功能。而凭借着QQ庞大的用户基础,QQ电脑管家直接威胁了360在安全领域的地位。

9月27日,360安全卫士推出个人隐私保护工具360隐私保护器,目标直接瞄准QQ软件,360与腾讯在客户端领域再起冲突。10月14日,腾讯正式起诉360不正当竞争,360提起反诉。10月27日晚间,腾讯通过弹窗的方式,联合百度等网站发表声明,指责360不正当竞争,并号召同业不与360发生任何形式的商业往来,360随后通过弹窗形式反击,两家掀起弹窗大战。

11月3日傍晚6点,腾讯发表公开信宣称,将在装有360软件的电脑上停止运行QQ软件,必须卸载360软件才可登录QQ。这是360与腾讯一系列争执中,腾讯方面至此最激烈的行动。此举引发了业界震动,网友愤怒。业内认为腾讯这招是逼迫用户二选一。据360 CEO周鸿祎称,被迫卸载360软件的用户达到6000万。

11月3日晚上9点左右,360公司对此发表回应,"保证360和QQ同时运行",随后360公司扣扣保镖软件在其官网悄然下线。11月4日,360发表公开信称,愿搁置争议,让网络恢复平静。360扣扣保镖正式下线。

11月7日,腾讯与360同时发表声明:在工信部的调解下,双方决定休战,握手言和。至此,一场惊动中国、震动4亿网民的"鹅虎"之战终于告一段落。

(来源:网络)

观点碰撞

社会责任和商家行为

●腾讯和360之间有什么纠葛,那不关我的事,但我两个都想用。想当初,人们在使用QQ之前都是确认过使用协议的,在这份协议作废之前,有什么权力随便找个理由说让公众停用就让公众停用?再说,装不装360是我的自由,凭什么以这样的口气要求我做出选择。

●腾讯和360打仗,却把无辜的公众拉下水。难道公众的利益就是你的垫脚石吗?谁规定用了QQ就不能用360了?如果有一天自来水公司跑来说,你们不能再喝纯净水了,要不然我就断你们的自来水,你觉得我们会同意吗?

●它们之间的战斗,只是一种商业行为。作为商家,它们必然要维护自身的利益,这也是企业在发展过程中不可避免会遇到的正常问题。至于说网民的牺牲,也很正常呀。如果你觉得商家欺骗了你的感情,不顾你的利益,那你以后不用就是了。

●这都什么年代了,还跟我们玩"我的地盘我做主"的江湖把戏,把公众的利益置于何地,把国家的法律法规置于何地。腾讯也许混淆了时空,搞错了身份,把互联网当江湖,把自己当老大,决意要演一出"拥兵自重",扼杀竞争对手的好戏了。

●谁说网民们的利益就不是利益了!这种竞争,不仅违背了市场经济公平竞争的法则,也违背了双方公司倡导的"用户至上"的服务理念。这种做法,极大地伤害了网友的感情,而亿万网民最终能做的只有对这种做法表示不满。

●试问:一个不为人民服务也不负责任的企业谈何商业道德?又有何资本立足于这个商业市场?一个成熟的现代化企业,必须把社会责任看得比自己的生命重要。但从这件事中我们不难看出，现在一些企业严重缺失社会责任感，为了自己的利益，不惜损害或牺牲公众的利益。这看起来只是企业之间的竞争，其实却反映了企业的社会责任感严重缺失，不能不引起警惕。

（来源：网络）

 **智慧心语**

　　责任是什么？现代汉语解释很简单：责任就是做好分内的事情。而社会责任就是指一个人对自己、对他人、对家庭、对集体、对国家和社会应承担与履行的义务。诸葛亮"鞠躬尽瘁，死而后已"，是对蜀国的责任；大禹治水"三过家门而不入"，是对苍生的责任；谭嗣同的"各国变法，无不从流血而成！中国未闻有因变法而流血者，此国之所以不昌也。有之，请自嗣同始！"，是对整个中华民族的责任。

　　顾炎武在《日知录》中说"保天下者，匹夫之贱，与有责焉"，意为每个普通人都应对自己的国家、民族的兴亡负有责任。今天，这句话已成为一个人对社会是否有责任心的试金石，也有人进一步把这句话中的"匹夫有责"明确为"我的责任"。不管怎么说，一个人对国家、对社会、对家庭都是应该有责任心的。温家宝也强调，企业家身上要流淌着道德的血液。

　　"鹅虎"之战虽然告一段落，但是双方的争论还在继续。我们本无意评判谁对谁错，因为这本来就是企业之间的纷争。但是作为互联网两大巨头，它们的纷争却将普通网民也牵扯进来，从互相攻击、质问与谩骂，最终发展成为"挟用户以令对方"的无耻战争。在我们看来，两大企业迷失了本性，丝毫不顾企业的社会责任，抛弃了企业形象与企业伦理道德。市场需要规则，游戏同样也要遵循规则才能进行，中国企业到底应该具备怎样的社会责任感和企业道德，这起事件给我们的思考已经足够！在市场经济下，企业间竞争激烈是很正常的,也是社会繁荣经济、改善民生的一个重要途径,但绝不应该靠攻击竞争企业,抹黑对手来获取自己的成功。这样做只能破坏自己的诚信,让民众对你失去信任,无异于自毁长城!中国缺乏世界品牌,是因为中国的不少企业缺少对品牌价值的真正关注和呵护,却将心思花在了别的地方。伦理道德是社会对企业的期望,我们希望企业能把这份期望当作他们的责任扛在肩上!

同学们,尽管我们还是高中学生,但我们已能够清醒地意识到自己稚嫩的肩膀上所承担的责任。这种责任不仅仅是努力学习,确定自己的人生目标、关爱家人,更重要的是一种社会责任感。在社会上,我们要做一个有理想、有道德、有文化、有纪律的公民,与此同时,更应该积极参加社会公益活动,这才是我们作为一个青年学生应有和应尽的社会责任。对于一名新世纪的青年学子来说,我们更应该把自己的社会责任感体现在具体生活和学习中。五四运动和"一二·九"运动中走在爱国前列的青年学生,中华人民共和国成立以来一批又一批奔赴国家建设最需要的地方,奉献自己的青春和热血的有志青年,以及无数放下城市优越工作环境,毅然下基层,到贫困地区支教的大学生,难道不是青年学子承担社会责任最好的写照吗?

我们无法想象,若一个社会失去了责任感,那会是怎样的一种混乱。我们只有担起自己肩上的责任才能去实现自己的梦想,展开理想的风帆。请不要逃避,不要害怕去承担责任,那是每个人都必须经历、必须面对的考验。学会负责吧,你会在学会负责后收割无限希望,你会在责任的沐浴中不断成长。让我们站在责任的肩上看得更远,飞得更高!

成长空间

"黄大年同志秉持科技报国理想,把为祖国富强、民族振兴、人民幸福贡献力量作为毕生追求,为我国教育科研事业做出了突出贡献。"习近平总书记对黄大年同志先进事迹做出重要指示,高度评价他的突出贡献和崇高精神,发出了向黄大年学习的号召。这充分体现了党中央对广大知识分子和科技工作者的重视与关爱、重托与期待,在全社会引发广泛共鸣,必将凝聚起爱我中华、共筑梦想的磅礴力量。

黄大年是享誉世界的地球物理学家。2009 年,他毅然放弃国外优越条件回到祖国贡献力量。8 年间,他只争朝夕、刻苦钻研,带领科研团队勇于创新、顽强攻关,取得了一系列重大科技成果,填补多项国内技术空白,部分成果达到国际领先水平;他夜以继日、忘我工作,不计得失、甘为人梯,为了国家事业奋斗至生命最后一息。2017 年 1 月 8 日,黄大年不幸因病去世,年仅 58 岁。回顾黄大年 58 年的生命历程,始终澎湃着"只要祖国需要,我必全力以赴"的爱国之情,践行着"振兴中华,乃我辈之责"的报国之志,在人们心中树立起一座巍然屹立的精神丰碑。

请同学们阅读相关材料,学习黄大年先进事迹并谈谈自己的感想。

身边故事

星期日,中学生小康与父母一起逛公园。在公园里,他随手把冰糕纸丢在地上,实际上旁边就是垃圾箱。母亲批评他,他说:"没事,会有人打扫的。"喉咙不舒服了,小康朝地上随口吐了口痰,父亲责备他怎么这么不文明时,他翻翻眼皮,说:"方便呀。"

星期一早上,小康骑着自行车在红绿灯间穿梭,被协管交通的大伯教育了几句。他不以为然地说:"有没有搞错,这么认真。不就是闯个红灯嘛,我自己会小心的,碍你什么事了。"气得大伯直哆嗦。中午,学校食堂的饭菜没吃几口,小康直接就往垃圾桶里一扔。一名清洁工人说他糟蹋粮食时,他却说:"又没糟蹋你的粮食,我想扔就扔。"下午放学时,轮到小康打扫卫生,他可没这么情愿,三下五除二就做完了。小康趁卫生委员还没有检查,赶紧"闪人"了,他心想要是不干净,检查通不过,卫生委员会替他做的,自己还可以多打会儿篮球。教室里,卫生委员默默地帮那些不负责任的同学重新打扫着卫生,而小康则打完篮球哼着小曲回家了……

反思讨论

1.你怎样看待小康的上述言行? 你认为小康最大的问题是什么?

2.在平日的生活中,你的社会责任意识如何? 你认为中学生应该具有哪些社会责任?

3.作为高中生,你认为怎样才能增强自己的社会责任意识? 你有什么好的想法和做法?(填写在下方)

> 如何增强社会责任意识,你的思考:
>
>
>
> 你的做法:

旁征博引

苟利国家生死以,岂因祸福避趋之。　　　　　　　　　——林则徐

高尚、伟大的代价就是责任。　　　　　　　　　　　——丘吉尔

尽管责任有时使人厌烦,但不履行责任,只能是懦夫,不折不扣的废物。

——刘易斯

拓展延伸

倡议书——保护环境，从我做起

曾几何时，窗外的那一片天空不再湛蓝；曾几何时，翠绿的叶子蒙上一层尘土。春日里我们透过那点点顽强而羞涩的新绿感受生命的希望；夏日里，我们在绿荫下休憩，嗅闻灿烂夏花的芬芳。

3月12日是我国的植树节，在这一天，我们或许没有参加社会上的植树活动，但这并不重要。因为我们生活在绿树成荫的西子湖畔。看着四季常绿的香樟、道路两旁的法国梧桐，我们可以幸福而骄傲地说："我们生活在树的世界里。"

然而当你在使用一次性筷子，当你无所谓地抽取纸巾时，你是否想过在远离西子湖畔的森林里，一棵又一棵的大树在电锯的轰鸣声中倒下，一片片绿地化为黄沙，人类就以此为牺牲而进步。

要知道每加工5000双一次性筷子就需要一棵30年的大树。学校每天至少消耗1500双筷子，那么每三天就会有一棵大树因此而消失。假如这发生在我们的校园里，那么几个月之后学校中的树都将消失殆尽。

或许电锯声不会响起在校园里，亦不会出现在西子湖畔，但毕竟有一块又一块土地在电锯之下变得苍凉，我们对此有不可推卸的责任。

不要让植树节仅仅成为一个节日，更不要连它的存在也漠视了，或许我们的行动无法改善环境，但至少我们有能力不再破坏。人文素养的养成，也包括关注身边的其他生命。

在这里，我向杭十四中全体师生发出倡议，拒绝使用一次性筷子，拥有一份社会责任感，为保护环境贡献自己的一份力。

（来源：杭十四中吕一尘同学周会讲话）

推荐阅读书目：《道德情操论》

亚当·斯密生前非常看重《道德情操论》这本书。他的《国富论》揭示了人的物质属性是利己的，而《道德情操论》则指出人的精神属性是利他的。他去世前曾经想把《国富论》这本书烧掉，单独留下《道德情操论》，因为他担心《国富论》会像潘多拉魔盒一样被胡乱打开。果然，在亚当·斯密死后，人们把《国富论》奉为"经济学的圣经"，把他关于利己的人受"看不见的手"引导增进了社会利益的思想，作为市场经济千古不变的基本原则，却几乎把《道德情操论》忘得一干二净。于是，市场经济缺少了道德，引发了许多罪恶，在个别地方甚至成为灾难。

温家宝在英国访问时说："高尚的经济学应当同高尚的伦理道德学结合在一起，每一个经济学家、每一个金融学家，身上都应该流着道德的血液。"我们知道，一个国家的崛起，并不仅仅是经济数字本身，而是一种强有力价值的建立。符合自然秩序的道德，恰恰是我们目前所缺乏，并在之前的市场中被严重误解的。

在每一次危机和崩溃之后，新的价值将确立起来。所以，让我们去读《道德情操论》吧，让我们正确地理解亚当·斯密，理解市场与道德之间的关系，深刻理解个人所应承担的社会责任吧！

第二节 明辨是非

现实扫描

2009年10月24日,长江大学文理学院广电5091班、5092班的40多名同学,在长江干堤沙市段的宝塔河沙滩上秋游野炊。吃过中餐,同学们大多离开了活动地,10多名同学还在那里游玩。

下午2时15分,在离大学生活动的地方约10米远的沙滩上玩耍的2个七八岁的孩子,不慎落入江中,正巧被一名女大学生看见,她大声呼救。听到呼救声,在场的十几名同学立刻向孩子落水处冲去。

第一个跳下水的是李佳隆同学,紧跟其后跳下水的是徐彬程、方招,还有姜梦淋等。因为都是和衣入水,鞋子也来不及脱,他们在水中游动十分艰难。宝塔河段看上去比较平静,其实危机四伏,水下旋涡汹涌,沙滩边缘全是陡坎。

与此同时,其他不会游泳的同学毫不犹豫地手拉着手,形成一根长长的生命链条,迅速向江中延伸。

湍急的暗流,无情的旋涡,将这些本来水性就不好的同学推到了危险边缘。徐彬程救起了离沙滩较远的小孩,另外2名大学生也托起了另一个小孩,正沿着生命链条向沙滩靠近……

突然,链条中间的一名同学因体力不支,手从相邻同学的手中滑落,前端的9名同学顷刻落入江中,水中顿时乱成一团,呼喊声一片。

这时,正在宝塔河100米以外训练的冬泳队队员闻声赶来施救,他们和大学生们一道,陆续从水中救起6名大学生。

事发后,长江大学领导迅速赶到现场,获救的2个孩子已经各自回家。当地消防、海事部门也相继赶到,组织搜救。由于该处地处江水回流区域,水流湍急,浅处有四五米,最深处达十几米,经过1个多小时搜寻,至下午5时50分许,3名大学生的遗体被打捞上岸。

(来源:中国广播网)

观点碰撞

这样救人值不值

● 精神可嘉,做法不可取! 自己不会游泳就不要贸然下水!

● 救人的行为高尚,但应该根据自己的条件而定,可以高喊,也可以让会游泳的下去。

● 生命不分贵贱,如果每次救人都要先去衡量价值,那只能80岁救20岁的,救人也看有没有价值,可笑!

● 我认为用死谁和不死谁来谈价值,那本身就失去谈论的意义了。对于个体来讲,生命的存在就是最大的价值。我不同意以下逻辑:一个(群)人的死换来了另一个(群)人的生,死去的生命就有价值。这纯粹是对死者生命的漠视,进而是对生命的漠视。最理想的是一个(群)人的生带来另一个(群)人的生。但现实就是那么残酷,人类该如何面对? 这真的是天下最大的难题。我从生命的角度去理解他们:因救人而死去和因被救而活着的人,你们的生命都有价值,你们都有存在的价值。我只愿我们活着的人,做一个好人。做一个好人就是对逝去的生命最有价值的回报!

● 人性是不能只用价值来衡量的。他们是英雄,值得尊敬!

● 在关键时刻,这些人用自己的生命告诉世人,怎样才是正确的选择。

人类的高贵也由此凸显。

　●虽然你们只是长江大学文理学院的学生,但是全国人民记住了你们,你们是英雄。长江大学的学生,其品格是如此高尚,就算他们做不了高官、成不了企业家,但是我相信,他们会在某个岗位上默默地为国家、为社会做出贡献,实现自己的人生价值。人这一生什么是最重要的? 那就是德行和修养。

（来源:网络）

 ## 智慧心语

　　明辨是非,其概念是指辨别清楚正确和错误,最关键的是要有一个判断与衡量的标准。在现实生活中,一般有两种参照标准,一是社会公认的道德意识,二是所处社会制度下的法律规定。

　　一个人生活在社会上,难免会受到社会现象、社会风气的影响,我们要接触形形色色的人,判断各种各样的事情。京剧最有特色的一个地方就是它的脸谱,不同的脸谱代表人物的不同性格。例如:红脸代表忠诚勇敢,白脸代表阴险狡猾,黑脸代表正直忠厚……但是,日常生活中,我们接触的人有脸谱吗? 社会是复杂的,社会上的人是复杂的,并不像戏剧、电影、电视里的人物那样简单。所以,随着年龄的增长,我们应该提高自己辨别是非的能力,分清楚什么是对,什么是错,什么是善,什么是恶,什么是美,什么是丑。那样才能决定什么应该做,什么不应该做,什么值得崇拜和效仿,什么应该鄙视和抛弃。

　　类似前述的例子也不少。最为典型的莫过于 20 世纪 80 年代,第四军医大学的一位名叫张华的大学生,为了救一名淘粪老农而献出了自己的生命。社会上由此而引发了激烈的大辩论:一名大学生牺牲自己而救一名淘粪农民,值不值得?

不可否认，对自己生命保持起码的尊重和敬畏，也是"生命至上"的一种具体表现，但"生命至上"在本质上绝非全部指向自我。救落水少年的举动，未尝不是"生命至上"的体现，只不过指向的是他人而已。事实上也正因为如此，其"额外"获得了另一种更为灿烂的道德价值。也就是说，我们不能笼统地把"生命至上"原则作为讨论"值不值得"的逻辑前提，更不能把"不值得"结论简单地建立在"自我生命至上"的基础之上。

此外，有人认为，"生命至上"原则下还应"科学施救"。这固然没错，但在落水生命稍纵即逝的突发事件和危急情况下，彰显的是人的本能和个体固有的道德底蕴，何况"结人梯"的施救方法并非毫无科学和理性含量。

明辨是非善恶是做人的基本要求。一个人在是非善恶面前，承担压力并做出正确选择，本身是一种成熟；阻止作恶，而且智慧地阻止作恶，更是我们追求的一种做人境界。而要做到这种境界，必须做到以下三点：要善于剖析自己，不断提高自身修养；要加强学习，不断增强鉴别善恶的能力；要坚持从一点一滴做起，从身边做起。同学们，我们应该以道德和法律铸造自己的良知标尺，以善良正义的人作为人生的榜样，坚持美好的理想追求，面对诱惑不软弱，面对错误不盲从，把自己培养成为一个是非分明、品德高尚的人。

成长空间

增强明辨是非能力的方法

1. 懂道德，学法律

道德和法律都是社会生活中的行为规范，一个有良知的人首先是一个守法律、有道德的人，如果你能遵守法律和基本的道德规范，那么一定能被称为有良知的好人。

2. 选择好的榜样

例如,从小到大,老师让我们学习雷锋,学习黄大年,就是因为他们的行为符合良知的标尺,是高尚的。

3. 学会理性分析

很多事情的对与错并不那么明确,它们之间并没有明显的界线,这时就需要我们用理智去深入分析思考,才能得出结论,哪一种做法才是妥当的。

4. 树立美好理想

不同的人有不同的生活追求,有的人追求的是舒适安逸的生活,有的人追求的是名利双收,有的人追求的是自我价值的实现,不同的人生追求决定了一个人的为人处世方法,决定了他们在关键时刻做出不同的选择。

思考:你还有哪些明辨是非的方法和途径,结合社会和身边的事,谈谈自己的看法。

身边故事

高一(3)班和高一(4)班在篮球比赛中发生了冲突。(3)班的王浩同学开始辱骂(4)班的同学,(4)班的陈明同学一拳打在了王浩的脸上,王浩的鼻子出了血。虽然事后双方没有再起严重的冲突,在老师的调解之下双方互相也道了歉,但王浩还是感觉心理不平衡,对此耿耿于怀。过了几日,王浩的同学林平来找他玩,王浩向林平诉苦,并希望林平找些朋友替他出出这口恶气。林平和王浩是很好的小学、初中同学,一向有什么事情都是互相帮忙的。看着朋友被打得鼻青脸肿,林平心里既难过,又为难。

反思讨论

1. 如果你是林平,你会答应王浩的要求吗? 如果不会,你会怎样帮助王浩?

2. 在现实生活中,假如个人情感与是非原则之间有冲突,你会做何种选择? 你有这样的个人经历吗? 有过心理纠结吗?

3.复杂的社会现实往往会模糊我们的是非观,面对这些,我们判断是非的标尺有哪些? 我们又该怎样做? (填写在下方)

是非的标尺:

你的做法:

旁征博引

慎思之,明辨之,笃行之。　　　　　　　　　　　　　——《礼记·中庸》

明鉴照形,美恶毕见。　　　　　　　　　　　　　　　——《新唐书》

我们要的是明察的鉴赏,不是盲目的崇拜。　　　　　　——闻一多

拓展延伸

人物推荐

1.打假医生　陈晓兰

推荐理由:"一身肝胆胜须眉,十载艰难知为谁? 坚守良心辨清浊,力求真相忘安危。"

陈晓兰,女,55岁,原上海一家地段医院的理疗科医生。近年来,陈晓兰一直从事医疗器械行业打假,被她揭露的各种医疗器械达 20 多种,其中 8 种假劣医疗器械被查处,她也因此被央视评为 2006 年度"3·15 质量先锋"。10 年不懈地与医疗腐败现象顽强斗争,也因此成为 2007 年感动中国荣誉人物之一。10 年来,陈晓兰举报的 8 种假劣医疗器械被证实、查处。

在这 10 年中,有人把陈晓兰当作英雄,也有人把她称为"叛徒"。10 年打假,陈晓兰花光了自己的积蓄,贴上了自己的健康,甚至被人污蔑为"精神有问题",原本平静的生活更是坎坷不断。

2. 杭州第十四中学学生　周文超

推荐理由:路拾巨款,如数归还。

尊敬的杭十四中校领导:

我是家住杭州西湖区嘉绿苑的市民阮顺良。2007 年 10 月 14 日(周日)下午,我开车外出时,不慎将自己的手提包遗失在马路边(内有现金 1 万多元以及信用卡等重要物件),一直没有察觉。后来,贵校高三(3)班周文超同学捡到了此包,他根据包内的信息打电话通知我,并将钱如数归还,拒绝酬谢。对于周文超同学拾金不昧的行为我深表感谢,对于贵校培养出如此优秀品质的学子我更表敬意。

祝周文超同学学业进步,祝十四中不断发展壮大,取得辉煌!

杭州市民　阮顺良

第三节　大爱无疆

现实扫描

地震海啸过后的日本

2011年3月11日,日本东北部海域发生大地震,举世关注,是因为此次地震规模巨大,震级达到9.0级,引发了大规模海啸,造成重大人员伤亡。同时,地震引发的次生灾害,特别是福岛核电站的核泄漏,更是引起了世界范围内的恐慌。由于核泄漏危害面大,时间长久,因此,此次日本地震给日本自身或世界造成的损失一时间还是难以估量的。

有人曾说:"日本地震,国人心震。"日本地震给国人带来的不仅仅是回到唐山、汶川、玉树地震的感受,不仅仅是因地震引起的共鸣,更不是因领土争端而产生的幸灾乐祸的快感。有人说,我们仇恨日本军国主义,不仇恨日本人民,愿为苍生祈福;也有人说,历史无法忘却,仇恨不会泯灭……那么,如果是你,你会为日本捐款吗?

(来源:网络)

观点碰撞

你会为日本捐款吗

●对云南,我捐了一个月的工资。日本嘛,就算了吧。

●如果日本的混蛋们死光,就剩少数好心人了,我愿意捐款。我希望世界上的坏人死光了,全剩下好心人,这个世界多好啊,消除一切罪恶。

●不会,我不诅咒日本就是我的极限了。

●给日本人捐款?这太让先烈们寒心了。不管别人说什么人道主义精神,在我这里就是扯淡。

●不管曾经的历史如何,人类的生命需要援助的时候都应该伸出援助之手。我们援助和拯救的是生命,是灵魂。

●会捐,他们国家的百姓没错,每个人都应该有同情心,同情心不分国界。

●唉,如果5·12的时候日本也像咱们这样讨论捐不捐我觉得好悲哀,日本救援队还是第一支到达青川的队伍!历史永远是历史,我们要记住的是为什么我们会被凌辱,那是因为我们不够强大……如果一直只会记恨,我们仍然不会改变。

●我们身处多元化的社会,对一些问题尤其是中外争端存在这样或那样的观点,甚至出现一些偏激、敏感、短视的言行,不足为奇,关键是我们应该以怎样的价值体系来引导国民的主流心态和培育更宽广的国际视野,这一点对于中国的崛起来说,同样是一门值得下大功夫的必修课。

(来源:网络)

 **智慧心语**

日本的9.0级大地震,牵动着全球人民的心。面对只有在灾难大片中才能看到的画面,目睹不断攀升的死亡人数,有着同样灾难痛楚的中国人,早已感同身受地流淌出人性的泪水。

对于曾经给中国带来无限伤害的日本,我们究竟应当以什么样的心态去面对这次灾难?虽然网络上不乏一些过激之言,但毋庸置疑,即便存有怨隙,我们朴素的情感也早已超越国界,人类所具有的本能情感,让更多的人为日本人民默哀、祈祷、祝福!

人类历史上,每一次自然灾难都是对人类文明的检阅。生命在瞬间被吞噬,家庭在巨浪间被击碎,人类在自然面前犹如哲学家帕斯卡尔所说的芦苇,脆弱不堪。但人类并没有被击垮,反而在应对灾害中结为休戚相关的文明共同体,道义良心得以矗立不倒。

网络上,一位中国记者写下这样的文字:废墟中偶遇一个69岁的老人,他的房子被推到100多米外的山脚下,这次回"家"只是想找出几本厚厚的相册,那里存储着他和家人曾经的幸福记忆。翻开相册,老人眼眶湿润,但泪水始终没掉下来。与我道别时,他微笑着说:"注意安全,加油。"老人佝偻着腰,提着两塑料袋相册渐渐远去。他的身影渐渐远去,那份隐忍却令我无法忘怀。

相信很多人读完后眼眶里噙满了泪水。我们分属不同的国家、不同的民族,有着不同的信仰与语言,但在灾难面前,我们的心如此紧密相连,情感早已超脱语言的隔阂而水乳交融。此刻,一切的纠结和仇视都被抛下,所有的心结都显得卑微,来自不同方向的祈祷构筑起人类文明的光环,足以冲破阴霾,普照世界。

(来源:《人民日报》(海外版) 作者:傅达林)

成长空间

身边故事
梁思成以德报怨,一言救下日本古建筑

1944年夏天,一排竹筏又把梁思成从李庄送到重庆朝天门码头。这次他不是避难,更不是逃生,而是受盟军司令部邀请而来。当时,盟军准备轰炸敌占区,盟军司令部请梁思成建议,轰炸的时候要保护哪些古建筑。梁思

成当即向司令部交了一张圈了红圈有明确保护标记的图纸。

随后,梁思成又说:"还有两个城市我也希望能够保护,但这两个城市不在中国。"美国人当时感到奇怪,即问他是哪两个城市,梁思成说:"日本的京都和奈良。"

对梁思成的这一建议,盟军司令部没有当即做出反应。

1945 年夏季,美、英等国在太平洋上集结了两百万军队,对日本进行持续而强有力的轰炸。因为梁思成的嘱托,日本京都、奈良没有被轰炸,日本最重要的两个有着众多古建筑的古城得以保存。日本人对这件事情非常感激,说梁思成是古都的恩人。

梁从诫一次在日本讲台上说:"我父亲做出这个建议是不容易的,我们家有两个人直接死在抗日前线。"台下的日本听众听了梁从诫的陈述,鸦雀无声。

反思讨论

1.如果你是梁思成,你会怎么做?

2.你是如何看待梁思成的行为的? 你认为他爱国吗? 说说你的看法。

3.保持民族的独立、自尊,表达爱国的情怀和做到大爱无疆有冲突和矛盾吗? 谈谈你的想法和认识。(填写在下方)

你的思考:

你的建议:

旁征博引

> 一个人如能在心中充满对人类的博爱,行为遵循崇高的道德律,永远围绕着真理的枢轴而转动,那么他虽在人间也就等于生活在天堂中了。
>
> ——培根
>
> 希望见诸行动是博爱,美好见诸行动是善良。 ——乌纳穆诺
>
> 心灵不在它生活的地方,但在它所爱的地方。 ——英国谚语

拓展延伸

谈奥运精神

作为第 29 届奥运会的东道主,中国注定要和世界做一次近距离接触。奥运会开幕式上,张艺谋借助方块字向世界传递出"和"的理念;赛场上,中国代表团以不断创造历史的方式诠释"更高、更快、更强"的奥运精神,给世界以震撼。除此之外,场内外的观众也在向世界展示中国观众的主人翁意识,那就是理性、自信、开放和包容。

杜丽冲击"首金"失利,观众的掌声鼓励她在 4 天之内完成新的蜕变,她最终夺得 50 米步枪三姿冠军。韩国举重运动员李培勇带着脚伤试举倒地,场馆里所有观众起立,热烈为他鼓掌。李培勇非常感动:"如果我能够举起来,我可能就会超过中国的选手去冲击冠军,但是中国的观众却仍然给我热烈的喝彩和掌声。"受到支持的还有如今为他国效力、曾为中国取得奥运第一枚击剑金牌的栾菊杰,在 50 岁高龄代表加拿大参赛,观众同样毫不吝惜地将掌声献给她;当郎平率领的美国排球队参赛时,中国观众直呼"郎平加油",这让郎平感慨"受到的是主场待遇"……

赛场上,观众都希望本国选手拿奖牌,也都会为本国运动员加油助威,

这无可厚非。难能可贵的是,中国的观众不仅将鼓励和祝福送给本国运动员,同时也对他们的竞争对手给予热情的鼓励和支持。这种超越地区、民族、文化差异的观赛意识,这种尊重每一位参赛选手的举动,体现的正是奥林匹克的精神内涵,契合的正是团结、友爱、互助的世界公民意识。

事实上,奥林匹克精神不只是囿于体育的范畴,它同样追求在普通民众中形成一种氛围,让不同地域、种族的人们摆脱文化偏见和民族偏见,展开平等的对话和交流,以尊重、客观和公正的态度看待别人。这样一种眼光和胸怀,正在中国观众的身上表现出来。一些外国媒体对中国观众的表现大加赞扬,提出"应该给中国的观众颁发一枚金牌"。美国《华盛顿邮报》认为,中国观众热情为美国篮球运动员加油,体现了良好的风度;法新社则认为,中国观众的喝彩鼓舞了各国选手们的斗志。

通过北京奥运的舞台,我们看到了中国观众的现代文明气质、兼容并蓄的开放心态。

（来源:《人民日报》(海外版)　作者:郭万盛)

第 二 章

文 明

文明是人类物质财富和精神财富的总和。物质文明是人类改造自然的物质成果，精神文明则是人类在改造客观世界和主观世界过程中所取得的精神成果，体现着人类智慧、道德的进步状态。在我们身边，有不少同学把文化知识的学习放在首位，常常忽略了社会公德的培养和文明习惯的养成。事实上，良好的行为习惯、文明修养是保证我们顺利学习的前提，也是树立中学生健康人格的基础。让我们一起做一个堂堂正正的人，一个懂文明、有修养的优秀青少年吧！

第一节　校园文明

现实扫描

中学生别把说脏话当成熟

前几日,和朋友邀约在石狮某中学附近一家面馆吃饭,恰好碰上学生中午放学就餐。

在排队点餐的时候,笔者身前的几名高中生模样的孩子在聊天中,夹杂着诸多脏话。更有甚者,脏话连篇,正经的讲话内容基本没有,很容易让人误会脏话才是他要表达的主题。

点餐后,笔者找了个位置坐下来,隔壁桌同样在等餐的中学生聊天的话题从游戏到篮球,再到周末活动,其中也带有诸多脏话和粗话,仔细一听,语种从英语到普通话,甚至还有闽南语版。

由于隔壁桌学生的分贝太高,我和朋友的聊天话题便转移到中学生身上。对于缘何中学生爱讲脏话,把脏话当口头禅,朋友的解释或许可供参考:"或许对于未成年的中学生来说,他们试图证明自身并非幼稚的,而是成熟的,所以喜欢在表达中植入脏话来彰显成熟。"

对此,笔者只想提醒,穿着校服嘴里一个劲地吐着脏话,并不能让人感觉成熟,只会让人反感。

(来源:《石狮日报》)

故事链接

关于"脏话"的一封保证书

尊敬的老师：

老师，对不起。在这周我又犯了错误——说脏话。这也不是一天两天的事了，并且说过之后还没有感觉到自己说脏话了。在星期五那天我说脏话被您发现，然后您让我写保证书，当时我是很不愿意的，心里默想又是五百字，不就是一句脏话嘛，有必要吗？现在想想骂人既对自己身体不好，也会让别人对自己有不好的印象，得不偿失，所以我以后再也不说脏话了。

我觉得我应该努力克制自己，提升自我约束能力，改变现在的自己，让自己的言行举止符合一名文明有素质的中学生的标准。

（来源：学优网）

文明，从语言开始

校园中的语言世界并不是真空和纯净的，说脏话的现象经常在学生身上出现。学生说脏话的背后有着各种心理因素和客观原因，对说脏话的学生的教育、周围学生的教育以及教育环境产生影响，此外，说脏话这一行为的程度本身也会发展。

有学者对脏话进行过或深或浅的探讨，可是日常生活中人们却往往忽视这个问题。从学生到老师到家长，需要共同分析学生说脏话的原因，找到解决的办法，让文明的语言成为我们生活中一道美丽的风景。

观点碰撞

中学生为什么喜欢说脏话

同学意见:诱惑太多,良好的社会性格还没有形成。

同学意见:中学青春期刚刚开始,越发自以为是,以为说脏话显得自己很牛。

同学意见:家庭很重要,我一个同学,他家是开酒吧的,乱得很,一般人都没有出淤泥而不染的高尚情操,此人也一样。

同学意见:大家都这样啊,习惯了。

同学意见:同意上一位的意见,大家都说,我不说就成为另类了。

老师意见:家庭原因、班级氛围、交友对象、社会氛围等,因素多种,最关键的还是没有树立正确的价值观。

(来源:网络)

智慧心语

中国是文明古国、礼仪之邦。传承中华文明,继承传统美德,是我们的责任。然而,一些不健康的东西,像病毒一样侵蚀着学生的思想,影响着学生的健康成长,丑化了学生的形象。平时,老师们也普遍感觉到不少学生在说话中带有脏字或直接骂人。说脏话的学生以男生居多,也有部分女生,他们说脏话不分场合,毫无顾忌,不管在校园内、楼梯上、教室内还是放学走出校门后,甚至是追逐打闹时,都会说脏话,有些内容甚至不堪入耳。

说脏话是一种不文明的现象,是一种恶习,不仅是素质不高、不文明的表现,还会影响同学之间的友谊和团结,也会给别人留下不好的印象,破坏班风、损害校风,造成诸多不良的影响。

说脏话是要有氛围的。周围的环境是学生形成骂人、说脏话的坏习惯的主要因素之一，因为学生们的语言发展在很大程度上依赖于所处的环境，他们向周围的人学习语言，当然，同时也学会了许多"孩子不宜"的话。周围的人在这样说，学生也就跟着学，渐渐地，这些语言会影响判断能力较差的学生，他们比平常人更容易接受这些东西，于是一些粗话、脏话也成了不少学生用来逗乐、取笑甚至攻击别人的武器。但是反过来讲，如果人人都能自觉不说脏话，良好友善的氛围也就自然而然建立起来了。

作为过来人，老师也能理解学生内心的压抑，也能体会学生心中的表现欲，但是，说脏话不是压抑缓解的手段，也不是人生舞台上的出色表演。脏话的背后是抱怨，不能真正解决问题，一时的过瘾之后留下的还是压力，有道是"借酒浇愁愁更愁"，脏话也是"越说越火越压抑"。有学生为了达到吸引别人注意的目的，显示自己个性，让人觉得"酷"劲十足，才开始说脏话，但是脏话毕竟不是时尚，真正时尚的人绝对看不上满口脏话的人。

为了杜绝校园里这一不文明的行为，在此，老师发起倡议：

一、创设一个文明的语言环境。老师起榜样带头作用，从自己做起，注意用礼貌文明的语言来教育学生。同学之间也要相互提醒、相互关心，"人人为我，我为人人"，学校是我家，文明靠大家。

二、懂得正确的宣泄方式。每一个人在成长中不可避免地会体会到烦恼、挫折等负面情绪，此时就需要合理地把负面情绪宣泄出来。平时注意沟通，必要时可以关起门来大哭大叫，甚至可以化悲愤为力量，通过有意义的活动或竞赛来转移不良情绪，用愉快的活动来缓解消极体验。

三、要提高自己的自控力。不文明的言行会带来不良后果。换位思考，站在听脏话的人的角度想想问题，攻击行为给别人带来的不快，将来也一定会落在自己的身上。

我国历来有"礼仪之邦"的美称。作为学生，要从小事做起，从点滴做起，陶冶情操，净化心灵，培养良好的文明素质，养成文明生活习惯，禁止不文明行为,做一个讲文明懂礼貌的好学生。

 成长空间

去宿舍楼、教学楼、图书馆等处显眼的地方张贴一些文明礼貌的小标语;做一天志愿者,劝导同学的不文明行为。

身边故事

作者:鲍心怡

作者:王一川

反思讨论

1.这是我们学校学生所画的两幅漫画,请发表一下你对图中所画学生仪容仪表的看法。

2.社会上对许多职业有规定的着装要求,它反映了什么? 为什么?

3.你对学生穿校服是怎么看的? 你认为中学生的校服应该是什么样子? 请你给学校提提建议。

4.中学生的美主要体现在哪些方面? 怎样展示我们的青春朝气? 说说你的想法。(填写在下方)

我眼中的美:

 **旁征博引**

不学礼,无以立。　　　　　　　　　　　　　　　　——孔子

勿以恶小而为之,勿以善小而不为。唯贤唯德,能服于人。　——刘备

良心是由人的知识和全部生活方式来决定的。　　　　　——马克思

拓展延伸

原为调解事故,却因脏话激化矛盾

随着骑电动车的人越来越多,电动车车主之间的小摩擦也越来越多。2015

年6月的某一天,安徽阜阳颍东区,便发生了这样一起电动车相撞事件。市民吴小姐骑着一辆电动车,与骑电动车的王先生相撞,并不小心轧到了他的脚。

这次相撞可把吴小姐吓坏了。这时,王先生开了口,要求吴小姐带他去医院,并对她说:"就检查一下,若是没事,你再走。"吴小姐答应了。随后,她忽然想起,好友小刚是个稳妥的人,便打电话把他叫来,让他陪自己一起处理这件事,并希望小刚做个见证,若是发生冲突,可以帮忙劝和。

谁知,小刚却满身酒气地来到事发地点。听了事情经过后,小刚对王先生说:"带你看看可以,有事我们付钱给你治,没事你也别想讹我们。"听到这话,王先生很是气愤。随后,吴小姐向王先生道了歉。谁知,小刚却对王先生说起了脏话。王先生一气之下便报了警。

接警后,颍东区公安分局向阳路派出所民警迅速赶到现场。最终,在民警的劝说和教育下,吴小姐答应带王先生就医,并支付他的医疗费。酒醒之后的小刚,也很是内疚,向王先生道了歉。王先生也保证不追究吴小姐和小刚的责任。

(来源:《颍州晚报》)

第二节　社会礼仪

现实扫描

民调:仅 16.1% 的人仍遵循传统礼仪

宴席上首席为长末席为卑,奉茶时八分满为宜,走路不可走在路中间,见面时行拱手礼……这些中国传统生活礼仪,曾被我们祖先视为社会生活的基本规矩。现代社会中的人们还讲不讲这些规矩?

近日,中国青年报社会调查中心通过北京益派市场咨询有限公司,就该话题进行了一项有 3622 人参与的调查(其中"80 后"占 55.0%,"70 后"占 32.2%)。结果显示,仅 16.1% 的人在生活中还遵循传统礼仪,70.8% 的人只保留了部分常用的礼仪,12.0% 的人直言"保留得很少",还有 1.0% 的人表示"几乎没有保留下来"。调查发现,85.9% 的人认为传统生活礼仪在现代社会具有重要性,其中 25.3% 的人认为"很重要"。但只有 55.1% 的人对传统生活礼仪有一些了解,表示"非常了解"的人仅占 7.0%。

在网友心目中,对传统生活礼仪保留得最多的三类人群分别是"老人""农村人"和"北方人",保留得最少的三类人群分别是"年轻人""东部人"和"城市人"。

湖南省公民礼仪素质研究基地首席专家、湖南女子学院教授蒋璟萍在接受采访时指出,随着人们生活习惯的改变,传统生活礼仪有的被继承下来,有的出现了变化,有的已被完全抛弃。总的来说,年长者保留得多一些,青年一代保留得较少,少年儿童对传统社会的生活礼仪几乎毫无概念了。

哪些原因造成了这种状况?调查显示,73.3%的人认为是由于"现代家庭规模越来越小,使用传统礼仪的空间小";67.3%的人表示是因为"缺少学习传统礼仪的机会";44.0%的人认为是"传统礼仪太烦琐,不适合现代人的生活节奏";另有54.0%的人认为,青少年忽视中国传统礼仪源于西式礼仪的冲击。

"其实这与中国过去百年来强调与传统决裂的历史有关。"全国政协委员、人文科学学者李汉秋教授指出,正常情况下,传统礼仪的发展具有连续性。在其发展过程中,适应社会的自然会被保留,不适应的就会被淘汰。但因为某些历史原因,我们失去了这种连续性,造成现在两代人不知传统礼仪为何物的状况。

在蒋璟萍教授看来,西方礼仪伴随着改革开放进到中国来,让很多年轻人承认和追逐,但是这种冲击并不是我们当前面临的最大问题,"最大问题是我们正处在一个旧'礼'已去、新'礼'未成的时代,当务之急是如何基于社会发展需要,重构'中国之礼'"。

本次调查显示,对于传统生活礼仪,80.8%的人认为它是"中国文化的重要内涵";61.8%的人认为,传承传统生活礼仪也得去粗取精,选择其适用于现代生活的部分。此外,66.0%的人认为,礼仪应是发自内心的素养,过于强调传统形式并不合适;另有30.8%的人表示,传统礼仪虽然很有价值,实际中却很难操作。

"严格遵守礼仪是提高人们内心修养的基础。"在蒋璟萍看来,礼仪作为一种道德精神的外在形式,可以显现人们的道德水平;作为一种操作性强的道德规范,可以保证道德原则的实施;作为一种基础性的行为规范,可以引导人们加强道德修养。

在蒋璟萍看来,对传统礼仪的认同,就是对自身文化认同与自信的表现,它有利于增强民族的认同感与向心力。比如日本人虽然有现代的生活方式,但毫不影响他们对自己传统礼仪的认同与传承。他们在日常生活中也仍旧会鞠躬,正式场合也始终会有和服出现。相比之下,关于中国的传统礼仪,我们早已不知所以。

调查显示,78.2%的人认为,在现代社会提倡传统生活礼仪,有利于发扬中国传统文化的精髓;73.6%的人认为其有利于人与人之间的和睦相处;68.6%的人觉得"有利于增强中华民族的民族向心力";62.2%的人表示,提倡传统生活礼仪有利于提升国民素质与国家"软实力"。

"为什么我们的路越修越宽,却越来越拥堵;人的自由度越来越大,人情却越来越冷漠;生活越来越好,心情却越来越烦躁;国家硬实力越来越强,软实力却越来越受诟病?"面对这些疑问,蒋璟萍教授感叹,"是时候重视礼仪建设了!"

对于礼仪建设,李汉秋教授提醒:"礼仪是一种社会积累,礼仪建设不能希望依靠颁布'准则'一蹴而就,它需要靠持续不断的提倡,更需要靠每个人在日常点滴中以礼律己。"

(来源:《中国青年报》)

观点碰撞

网友声音:都什么时代了?讲传统礼仪都是上一代人的事儿。年轻人应该有自己的生活方式,不用事事都拘泥于传统礼仪。

学生心声:我觉得传统生活礼仪很重要,但我了解很少。三口之家,平时和父母都像朋友一样相处,不会在乎传统礼节。过年一大家子人聚在一起时,在父母提醒下,我们才会注意一些座次之类的基本礼仪。

专家声音:礼仪还是社会行为的校正器,人际关系的润滑剂。它以其特有的方式告诉人们,哪些行为是有礼的、善的、美的,哪些行为是无礼的、恶的、丑的,从而引导人们扬善抑恶、趋美避丑,对家庭生活、职业生活、社会生活均有很强的调节作用。

网友声音:遵从传统礼仪是好,但很多时候就是个形式,穿穿古装什么的。

网友声音:大多数人还是认可传统礼仪的,但是现在生活节奏快,有些传统礼仪容易被忽视。

(来源:网络)

 **智慧心语**

文明礼仪是我们中华民族的传统美德,我国素有"礼仪之邦"的美誉,自古以来,中华儿女一直将文明礼仪放在相当重要的位置。如今,随着改革开放和现代化建设步伐的不断加快,文明礼仪显得尤为重要,它内容之多,范围之广,可谓包罗万象,无处不在。一个人的举止、表情、谈吐、待人接物等方方面面,都能展示一个人的素质修养。

中国是一个有着五千年历史的文明古国,中华民族素来是一个温文尔雅、落落大方、见义勇为、谦恭礼让的文明礼仪之邦。举手投足、坐立言行,无不体现一个人的气质与素养。荀子云:"人无礼则不生,事无礼则不成,国无礼则不宁。"文明礼仪是我们学习、生活的根基,是我们健康成长的臂膀。

再看看我们的学生。在优越的物质生活条件下生长起来的独生子女,在文明礼仪方面也存在一些不文明的言行:在家庭中,长辈们重智力学习轻德育教育,认为孩子只要学习好就行了,忽略了对孩子文明礼仪的教育,导致了他们对家人冷漠自私,一切以自我为中心,不与父母沟通,不理解家长的辛苦，不珍惜家长的钱财，不分担家庭的劳动，一味索取不知奉献；在学校里，不听从老师的教诲，说一些自以为时髦的脏话，穿一些奇特的衣服，留着时尚的发型，不知道认真学习，在校园内大声喧哗、乱扔垃圾。这些行为直接影响同学们的健康成长，也影响了学校的形象。

文明无小事，处处关系人。我们的学生是祖国的未来，更加需要从小事做起，践行社会主义核心价值观，而不是纸上谈兵。我们的学生只要从家庭、学校，从身边、点滴做起，何愁成不了礼仪的标杆？我们的国家何愁成不了新的礼仪之邦？譬如：在家尊敬长辈，孝敬父母，体谅父母工作辛苦，生活节俭；讲文明语言，平时不讲粗话、脏话；遵守校规校纪，不旷课、不迟到早退、不打架斗殴、不随地吐痰、不随地吐口香糖、不乱扔垃圾；仪表整洁大方，在校期间不化妆、不佩戴首饰、不穿奇装异服；尊敬师长，见了老师主动问好；团结同学，提倡文明上网，科学上网；不看不健康的书籍和录像；生活俭朴，不比吃穿，不浪费粮食。

成长空间

请做一份校园调查，调查同学们对传统礼仪的态度和遵循情况，整理出相应的比例，并总结背后的原因。

结合现实，谈谈时至今日有哪些中国古代礼仪能为构建和谐社会，续写"中国梦"发挥作用。

身边故事

星期三中午，学生餐厅里人头攒动，同学们都在排队买饭菜。突然，有一个女生悄悄地走到了同学身边，一边和同学讲着话，一边就站到了同学前面。虽然她的插队动作做得幅度不大，但还是被后面的几个女生发现了。有人就叫道："同学，请排队！"但插队的同学装作没有听见。很快，她就买好饭菜出来了——插队成功！

反思讨论

1. 某个窗口提供的饭菜比较合大家的口味,窗口前队伍很混乱,如果不去争抢,就有可能轮不到自己了,这个时候,你会放弃排队,去争抢吗?

2. 虽然我们都知道插队可耻,可那些插队的人确实得到了眼前利益,你如何看待这种"插队得实惠,不插队吃亏"的现象? 遵守社会礼仪规范会吃亏吗?

3. 结合现实,谈谈中国古代有哪些礼仪应当在现代社会进行继承和发扬? 作为中学生,你可以做些什么?(填写在下方)

> 需继承发扬的中国礼仪:
>
>
> 你可以做到:

旁征博引

一个人的礼貌,就是一面照出他的肖像的镜子。 ——歌德

人无礼则不生,事无礼则不成,国无礼则不宁。 ——荀子

礼仪是微妙的东西,它既是人们交际所不可或缺的,又是不可过于计较的。 ——培根

拓展延伸

文明社交礼仪

礼仪教育的内容涵盖社会生活的各个方面。从内容上看有仪容、举止、表情、服饰、谈吐、待人接物等；从对象上看有个人礼仪、公共场所礼仪、待客与做客礼仪、餐桌礼仪、馈赠礼仪、文明交往礼仪等。在人际交往过程中的行为规范称为礼节，礼仪在言语动作上的表现称为礼貌。加强道德实践应注意礼仪，使人们在"敬人、自律、适度、真诚"的原则上进行人际交往，告别不文明的言行。

学校礼仪

1. 课堂礼仪：遵守课堂纪律是学生最基本的礼貌。

（1）上课：上课的铃声一响，学生应端坐在教室里，恭候老师上课，当老师宣布上课时，全班应迅速肃立，向老师问好，待老师答礼后，方可坐下。学生应当准时到校上课，若因特殊情况，不得已在老师上课后进入教室，应在得到老师允许后，方可进入教室。

（2）听讲：在课堂上，要认真听老师讲解，注意力集中，独立思考，重要的内容应做好笔记。当老师提问时，应该先举手，待老师点到你的名字时才可站起来回答，发言时，身体要立正，态度要落落大方，声音要清晰响亮，并且应当使用普通话。

（3）下课：听到下课铃响时，若老师还未宣布下课，学生应当安心听讲，不要忙着收拾书本，或把桌子弄得乒乓作响，这是对老师的不尊重。下课时，全体同学仍需起立，与老师互道"再见"。待老师离开教室后，学生方可离开。

2. 服饰仪表：穿着的基本要求是合体、适时、整洁、大方、讲究场合。

3. 尊师礼仪：学生在校园内进出或上下楼梯与老师相遇时，应主动向老师行礼问好。学生进老师的办公室时,应先敲门,经老师允许后方可进入。在老师的工作、生活场所,不能随便翻动老师的物品。学生对老师的相貌和衣着不应指指点点,评头论足,要尊重老师的习惯和人格。

4. 同学间礼仪:同学之间的深厚友谊是生活中的一种团结友爱的力量。注意同学之间的礼仪礼貌,是你获得良好同学关系的基本要求。同学间可彼此直呼其名,但不能用"喂""哎"等不礼貌用语称呼同学。在有求于同学时,须用"请""谢谢""麻烦你"等礼貌用语。借用学习和生活用品时,应先征得对方同意后再拿,用后应及时归还,并要致谢。对于同学遭遇的不幸、偶尔的失败、学习上暂时的落后等,不应嘲笑、冷笑、歧视,而应该给予热情的帮助。对同学的相貌、体态、衣着不能评头论足,也不能给同学起带侮辱性的绰号,绝对不能嘲笑同学的生理缺陷。在这些事关自尊的问题上一定要细心加尊重,同学忌讳的话题不要去谈,不要随便议论同学的不是。

5. 集会礼仪:集会是学校经常举行的活动。一般在操场或礼堂举行,由于参加者人数众多,又是正规场合,因此要格外注意集会中的礼仪。升国旗仪式:国旗是一个国家的象征,升降国旗是对青少年进行爱国主义教育的一种方式。无论中小学还是大学,都要定期举行升国旗的仪式。升旗时,全体学生应列队整齐排列,面向国旗,肃立致敬。当升国旗、奏国歌时,要立正,脱帽,行注目礼,直至升旗完毕。升旗是一种严肃、庄重的活动,一定要保持安静,切忌自由活动,嘻嘻哈哈或东张西望。神态要庄严,当五星红旗冉冉升起时,所有在场的人都应抬头注视。

6. 校内公共场所礼仪:应该自觉保持校园整洁,不在教室、楼道、操场乱扔纸屑、果皮,不随地吐痰,不乱倒垃圾。不在黑板、墙壁和课桌椅上乱涂、乱画、乱抹、乱刻,爱护学校公共财物、花草树木,节约用水用电。自觉将自行车存放在指定的车棚或地点,不乱停乱放,不在校内堵车。在食堂用餐时要排队礼让,不乱拥挤,要爱惜粮食,不乱倒剩菜剩饭。

第三节　人文关怀

现实扫描

特殊孩子在普通学校就学　谁受益

2016年9月,位于合肥市瑶海区的胜利路小学迎来了开学。黄女士家所属的学区并不在此,但她特地在学校附近买了一套学区房,之后甚至将户口也迁了过来。

胜利路小学并不是当地的名校,甚至有些默默无闻,它藏在深巷中,仅仅8000平方米的占地面积,一栋简单的教学楼紧挨着一片并不算宽阔的操场。

黄女士之所以费尽周折,就是因为这所学校是当地为数不多的愿意接纳自闭症儿童的普通小学。近5年来,学校先后接收了5名患自闭症、脑瘫的特殊儿童,为他们提供与普通小学生一样的学习环境。而搁在其他学校,这几乎是一件不可能的事情。

2011年9月,刚刚带完一届毕业班的胜利路小学语文老师刘后勇成为一(2)班的班主任。他得知,班里要安插一个特殊的同学进来,并且孩子妈妈要每天来陪读。

通过一段时间的接触和了解,刘老师才摸清了张卫(化名)的特殊来源于自闭症。他决定试着帮助张卫融入班集体,这一试,就是5年。2008年,张卫的母亲王玲(化名)为了孩子,毅然辞去了合肥一家大型企业设计师的工作。由于很多幼儿园不接收自闭症儿童，王玲不得不将孩子送到定点接受务工人员子女的幼儿园。在孩子 7 岁那年，她做了一个大胆的决定，将孩子送到普通学校，让他接受和普通孩子一样的教育。

于是，她找到了位于自家学区范围内的胜利路小学，校长黄祖荣起初也很犹豫，毕竟没有这样的先例，但他还是决定给王玲和她儿子一个机会。

"不想让孩子受到特殊对待，想让他在普通的环境中成长，培养他的行为习惯，能和同龄的孩子们一样正常地交流，长大后才能被社会接纳。"在王玲看来，普通学校里面的那种环境和氛围是家里和特教机构所不能给予的，这对孩子的成长很重要。

刚到班级的第一年，张卫没有规矩意识，自我约束和学习能力几乎都等于零。他会突然大声喊叫，甚至会离开位子乱跑，同学们对此投以诧异的目光。下课以后，他和别的孩子也没有什么交流，老师跟他交流也得不到回应。这让刘后勇老师十分头疼。

"孩子一天天长高，可是自理能力、学习能力和同龄孩子相比有很大差距。"刘后勇看在眼里，急在心里。

"那段时间我经常搜集自闭症的资料，课后也经常和他妈妈交流，只要有新的办法我就会告诉他妈妈。"班主任刘后勇并没有灰心，而是和王玲一起探索能让张卫适应班级生活的办法。

在刘后勇的安排下，每个同学每天都尝试和张卫说一句话，从早上热情地打招呼，到课间课后的休息玩耍，张卫感受到了同学们的关怀。

"我们特意成立了 5 人'帮扶小组'，由他妈妈和另外 3 位同学组成。这 3 个同学是流动的，随着座位调整，班上每个同学都和他有交流的机会。"刘后勇希望全班同学团结在一起的"洪荒之力"能助他成长。

站队时站得不整齐，上体育课跑偏方向，上厕所太慢太磨蹭，上课听课走神儿,同学们都会及时纠正他,提醒他。一年后,班级同学慢慢习惯了,接纳了这个特殊同学的存在。张卫渐渐和同学们有了交流,有些同学如同守护神一样,形影不离地照顾着他。

因为注意力无法集中,张卫只能读一些简单句子和词语,三年级一次语文课上,他竟然一口气流利地读完了一段课文,全班同学不约而同地爆发出热烈的掌声。"那一刻,我感动得想哭。"王玲把这件事记在了日记里。

让刘后勇欣慰的是,5年来一次他也没有接到过来自其他家长的抱怨和投诉。显然,别的家长对于张卫充满了宽容和鼓励。对此,王玲感激不尽,每次班上同学打扫卫生,她都主动揽下擦窗的活儿。

"时间过得真快,5年就这么过来了,张卫和他妈妈都成为我们班级的一分子,融入了这个集体。"班主任刘后勇感叹不已。

"天天上课有一个家长坐在教室后面,一开始会觉得很别扭。"刘后勇坦言,上课被家长"监督"的感觉让他很不习惯。后来他发现,王玲陪读,对他的课堂教学既是一种监督,也是一种帮助和提升。

"之前对一些特别调皮捣蛋的学生,我会点名甚至严厉批评,现在有了家长在,语言不得不文明规范起来了。"刘老师说。

刘后勇私下里和其他老师交流过,大家都认同这一观点:"在这场教育实验中,改变最大的是其他同学和老师。"

在对张卫的教育探索过程中,老师的课堂教学方法和手段也在潜移默化地跟着改变。张卫对于数学的领悟力不太好,教数学的岳老师不厌其烦地为他讲解。这种耐心的教育方式也惠及其他同学,班上学生的数学成绩普遍优秀。

随着时间的推移,班上同学之间形成了互相关爱的氛围。在班主任刘后勇眼里,正是由于张卫的存在,孩子们的胸怀变得更宽广,同学之间互帮互助的氛围得到了极大提升。

"上课突然被大声吵闹打断,一开始会有同学起哄,后来大家变得接纳和宽容,对此习以为常。"作为语文老师的他还觉得,以前讲授有关助残扶弱的课文,学生觉得空洞,现在有了身边的例子,学生能切实感受到关爱弱势群体的意义。

校长黄祖荣说:"对于自闭症儿童的接纳和教育,我们一直在摸索和坚持。唯一的目标是,他们长大后能够融入社会。"在黄校长背后的墙上,胜利路小学的校训——"坚持就是胜利",格外醒目。

(来源:《中国青年报》)

故事链接

让乞丐进图书馆是文明的进步

10余年来,杭州图书馆实现对所有读者免费开放,包括衣衫褴褛的乞丐们。而当图书馆里的乞丐越来越多,开始也有市民表示不满。然而,馆长褚树青却说:"我无权拒绝他们来读书,但您有权离开。"据了解,该图书馆对乞丐只有一个要求:洗手。

人人生而平等,阅读不分贵贱,遵守基本准则,谁都有权沐浴书香。图书馆的做法令人叫好,馆长的回应令人敬佩,赋予乞丐每一项属于公民的基本权利,是社会走向法治文明的重要标志。乞丐处于社会底层,社会公共保底政策的坚实与公平,事关他们的基本生活质量。敞开的图书馆大门,还可激发底层民众奋发向上、努力摆脱贫困的希望。

随着经济水平的提升,人们对文化生活也有了更高的要求,展览馆、图书馆、博物馆等原本冷冷清清的场所,也开始变得门庭若市了,这是社会发展的必然。但是,有一个矛盾的问题在于,公众对于文化消费需求的增加和自身修养、消化能力之间却存在着矛盾。就像有些人带着随地吐痰、随意刻画的毛病,就开始大把花钱全世界旅游,感受世界文化了。

建设学习型社会,提倡全民阅读、全民学习乃是建设学习型社会题中应有之义。一个文明和谐的社会,人的权利是平等的,没有高低贵贱之分,不应有身份歧视。一些网友说得好:"每个人都有读书的权利,太阳不会因为乞丐和拾荒者的身份而拒绝给予他们阳光。"

事实上,需要平等善待乞丐,善待拾荒者的又何止是公共图书馆,整个城市都是公共的,所有人都能自由穿行,动辄驱赶小贩、禁止乞讨,动辄对外来人口限入,或者制定其他各种歧视政策,在图书馆对乞丐敞开的大门面前,都显得如此黯然失色。城市管理者和所有的社会个体,都像图书馆善待乞丐一样善待弱势人群,是一个文明社会里的应有风景。

(作者:雷邱淋)

拾荒者? 教育者! ——追忆杭州退休教师韦思浩"拾荒"背后

2014年,有媒体将一位77岁的拾荒老人推至我们面前,他在杭州图书馆里读书看报,其中"看书前洗手""查阅医书自己医治腿疾"等细节感动了不少网友。

2015年,这位拾荒老人因车祸离世,而背后的故事被一一揭开。

老人真名叫韦思浩,是高中退休教师,退休后拿着5600多元的退休金,本可安心养老,却选择拾荒"补贴"生活。原来,他"补贴"的是那些寒门学子。

韦思浩是原杭州大学(现浙江大学)1957级的学生,因为家人的关系,回东阳老家工作,有过"弃笔从农"的经历,但他从未放弃过书本,也一生与教育相连。

20世纪80年代,韦思浩曾参与过《汉语大词典》杭大编写组工作,后又辗转去宁波教书。韦思浩曾教过的学生、现在杭州某中学任教的李老师介绍:"直到1991年,老师才从宁波调回杭州,继续他的教学工作。"

1999年,韦思浩从杭州夏衍中学退休,也是从那一年起,韦思浩放弃了他本来轻松的晚年生活,开始他长达10多年的拾荒之旅。

"韦老师很固执,我们不少学生都劝他,别去拾破烂了,好好养老,毕竟我们一般人都觉得面子上挂不住,但劝了他也不听。"李老师说。

可世事无常,老人的拾荒生活在2015年11月18日突然终止。据交警介绍,当日,韦思浩在过马路的时候,被一辆出租车撞倒,12月13日,最终抢救无效离世。

在整理老人遗物时,韦思浩的3个女儿才发现老人拾荒的秘密。"以前从不知道父亲在拾荒,更没想到他还在帮助其他人。"韦思浩二女儿韦汀坦言,"去年搬过一次家,捐资助学的票据和证书已经不全。但留下来的这些就能看出他一直在匿名捐赠。"

韦汀向记者展示这些捐赠凭据和证书:浙江省社会团体收费专用票据、浙江省希望工程结对救助报名卡、扶贫公益助学金证书……

"他虽拿着5000多元的退休工资,可大部分收入都用于捐资助学,捐助金额从20世纪90年代的一次三四百元,到现在的三四千元。"韦汀说,"他过着最简单的生活,只满足最低生活需求。"

——2014年,"拾荒者"韦思浩看书前洗手感动了无数人。浙江大学人文学院教授楼含松评价,他是一个真正的读书人,传统读书人都讲究"爱惜字纸",可在这个时代,这种精神似乎已慢慢褪去,从他的身上我们看到了一个真正读书人"爱书""惜书"的精神。

——2015年,"教育者"韦思浩拾荒的背后更令人落泪。"他也是一个有爱心的教育者,他心存大爱,用拾荒的方式来捐资助学,而且以匿名的方式,默默地做着他的善事。"楼含松说,"韦思浩老人走了,但他的精神,不应就此逝去。"

我们不该忘记,有一名退休教师韦思浩,他不是真正意义上的"拾荒者",却成了我们精神世界里的"拾荒者"。

(来源:新华网浙江频道)

 观点碰撞

我们如何理解人文关怀

馆长褚树青：和公园一样，公共图书馆具有公共性，应该允许任何人自由穿行，平等地使用。图书馆是知识的殿堂，而知识不分高低贵贱，学者可以到图书馆求知，乞丐和拾荒者同样有这样的权利。一个理想的公共图书馆，是公平、开放、现代、多元、无门槛和舒适的，应该是每一个读者的天堂，所有人都能在这里享受到无差别的服务。

江南都市报：杭州图书馆 10 年不拒乞丐，传递平等自由的精神，此举值得称赞的同时，我们也须明白一个道理：真正的平等自由还需要人们发自内心的尊重，在知识面前，人人平等。否则就算乞丐或者拾荒者进了图书馆的门，也同样会遭遇到异样的眼光。

新浪城市：杭州图书馆乞丐可入，只要把手洗干净就行。此举收获如潮好评，为"人间天堂"增色。人们之所以赞赏此举，是因为这种情形在多数地方是不可想象的，包括偏远的县级图书馆。杭州图书馆能做到人人平等，表明其真诚尊重每个人的人权，值得称道。

人民日报：高校保安上大学，工地的喧哗声中也有艰苦自学的农民工。暂时的人生境遇，并不能限制一个人的未来。如若洗净了准备翻书的手，又怎有理由拒绝人汲取知识！知识的殿堂，应向所有求知的人敞开，无论贫富贵贱！

(来源：网络)

 智慧心语

时光影像倒回到 20 世纪 70 年代，那是一个物质匮乏的时代，走亲访友

多以肉食多寡来体现关系之亲疏厚薄,困顿的时代背景决定了当时普遍的物质关怀。

岁月的长河里,我们的时间定格在今天,时代剪影大都是这样,人们疲于奔波在单位、餐厅、家三点一线之间,偶有富余时间,或 K 歌,或三五出游,将一个人的空虚转化为一群人的貌似不空虚。

我们不禁要问,为什么会这样?

市场经济下,我们的工作、生活诸多部分都是资本运作的结果,物质生活日渐丰富、林立的楼宇争相比高、璀璨的霓虹灯彻夜闪烁;当然也有另一面,父母在,子远游,偏远山区的留守儿童、独守空巢的八旬老人……经济运作下,作为情感存在的人,更多地异化成了精明的老板、低声下气的打工仔、西装笔挺的领导、灰头土脸的农民工。然而,尊严、自由、人的价值被经济的车轮碾在了尘土里。

物质生活已然丰富,新时代要求我们对关怀二字做一个新的诠释。什么才是我们需要的关怀呢?

康德说,人是目的,而不是工具。市场经济下,我们需要唤醒每一个人心中的自觉,承认人不仅是一种物质生命的存在,更是一种精神、文化的存在;不仅关心人物质层面的需要,更关心人精神文化层面的需要;不仅创造条件满足人的生存需要、享受需要,更着力于给人以自由,以尊严。我们需要人文关怀,需要肯定人性和人的价值,需要人的个性解放和自由平等,需要尊重人的理性思考、主体地位和个性差异,关心人丰富多样的个体需求,激发人的主动性,促进人的全面发展。

社会的每个角落都有许多手无缚鸡之力的弱小群体,我们不能以身份歧视来剥夺他们在公共空间应有的权利。普通学校接纳“特殊孩子”,体现了众生平等、众生平权的人文主义理念,保障公民获取和利用信息机会的公平、平等,尊重每一个个体生命;杭州图书馆不拒乞丐拾荒者,真正体现了公共图书馆的公益性,体现了公民获取信息的民主、公平原则,更体现了人人生而平等的人格尊严。我们常说,知识就是力量,知识改变命运,敞开的图书馆大门,又何不是给予乞丐在内的底层民众奋发向上、努力摆脱贫困的希望曙光。因此,不论是哪一种公共空间,都必须以足够的开放,来满足公众对多元文化的需求。

与此同时,"特殊孩子"让普通学校的老师对教育有了更深的理解,让学生对关怀有了切身的体验;"拾荒者"默默助困的行为,又是对他人精神世界的耕耘。关怀他人也是对自己的教育提升,不能不为胜利路小学、杭州图书馆以及韦思浩的行为点赞。

成长空间

身边故事

王高翔,1995年出生,是杭州第十四中学康桥校区的高一学生。2012年1月30日晚6点左右,王高翔和两个男同学从图书馆出来,逛到了临丁路和杭玻路附近的上塘河边,看到一对男女在吵架。走到杭玻桥时,有个同学大喊一声:"有人跳河了!"王高翔扭头一看,刚才吵架的那对男女不见了。"可能是他们跳河了!"王高翔扭头就往回奔。

这里的上塘河段宽约七八米,水深有3米。王高翔说:"我跑到岸边,岸边站了几个人,有人在喊救命。那个落水的叔叔漂在河里,一动不动了。有个好心人正在水里拽着那个女的往岸边拖。我放下书包,脱了外套,就跳下去了。我去救那个落水的叔叔。叔叔体格真壮实,至少有160斤,很沉很沉,他喝醉了,在水里一动不动。我一个人根本拉不动。后来,那个好心人把那个女的拖上岸,又和我一起救叔叔。我在后面推,他在前面拽,我们合力把落水的叔叔推到岸边,岸上的人拉,我们在水里推,这才把叔叔弄上岸。"人被救上来后,王高翔这才觉得冷。

对于儿子见义勇为的举动,大人们既骄傲又后怕。王高翔的妈妈说:

"儿子做得很棒,我们很骄傲。但是事后想想还是害怕的,毕竟是一个孩子。"王高翔的爸爸在一旁笑呵呵地说:"还好儿子会游泳,水性还不错。他6岁就开始学游泳了,他游得最好的是蛙泳。以前都是在游泳馆里游的,在河里游,这还是第一次。"王高翔很腼腆地说:"有人落水了嘛,本能反应就是救人喽。现在想想,挺担心我的眼镜的,我近视600度,跳进水里很可能就丢了眼镜,当时天很黑,水也很冷,眼镜弄丢了的话,我就什么都看不见了,可能会有危险。"王高翔的班主任听说了王高翔见义勇为的事情,也赶到了王高翔家里,还给王高翔送了束鲜花。

2012年2月10日,杭州市见义勇为基金会授予王高翔见义勇为积极分子荣誉称号。

反思讨论

1.作为王高翔的同龄人,你觉得他是英雄吗?你赞成中学生下水救人吗?

2.听说过杭州"最美妈妈"和广州"小悦悦"的故事吗?你怎么看其中反映出来的人性?

3.你觉得今天的社会还需要哪些人文关怀?作为中学生,你需要培养自己哪些人文情怀,怎么培养?(填写在下方)

> 人文关怀有哪些:
>
>
> 怎样培养:

旁征博引

只要还有能力帮助别人，就没有权利袖手旁观。 ——罗曼·罗兰

对于我来说，生命的意义在于设身处地地替他人着想，忧他人之忧，乐他人之乐。 ——爱因斯坦

拓展延伸

推荐电影：《放牛班的春天》

推荐理由：本片获 2004 年奥斯卡最佳外语片提名、2004 年全球奖最佳外语片提名、2004 年法国恺撒奖最佳电影音乐奖。

影片讲述的是在第二次世界大战之后的法国，一位名叫克蒙特马修的教师，在一所封闭严厉的寄宿学校里，用音乐开掘了被大人们遗弃的孩子们童年的乐趣和童年的人生价值。这是一个缺乏关爱的孩子们在音乐老师的帮助下，通过音乐得到心灵的救赎的故事。该片以其触及心灵最深处的真挚细腻的情感，阳光般温暖的人性光辉和人文关怀，在法国掀起了观影狂潮，创下了 4000 多万欧元的票房纪录。整部影片让人无时无刻不在感受电影作品中阳光般温暖的人性光辉和人文关怀。

第 三 章

诚 信

康德说："这个世界上只有两样东西能引起人心的深深的颤动。一个是我们头上灿烂的星空，另一个是我们心中崇高的道德律。"墨子说："言不信者，行不果。"李白说："三杯吐然诺，五岳倒为轻。"民间俗语说："一言既出，驷马难追。"几千年来，"一诺千金"的佳话广为传颂。显而易见，诚信自古是中华民族的美德，是经过漫长、汹涌的生活之浪淘沥而出的赤纯之金。我们应该，而且必须传承它，决不允许歪曲，甚至抛弃它。

第一节　生活诚信

现实扫描

唐骏"学历门"

工作履历

2002年,唐骏担任微软中国总裁;

2004年,唐骏以微软中国荣誉总裁身份从微软辞职,担任盛大网络公司总裁,身价为260多万股股票期权;

2008年,唐骏担任新华都集团总裁兼CEO,坊间传言其年薪10亿元,成为名副其实的"打工皇帝"。

学习履历

1980—1984年就读于中国北京邮电学院,取得应用物理专业学士学位;

1985—1990年就读于日本名古屋大学,取得自动化专业硕士学位;

1990—1993年就读于美国加州理工学院,取得计算机专业博士学位(注:唐骏已表示自己并未取得加州理工学院博士学位,而是取得西太平洋大学的电气工程博士学位)。

事件回顾

2010年7月1日晚上8时20分,曾创办中文网、第一个学术打假网站的科普作家方舟子一连在自己的微博上发出21条记录,把矛头指向新华都集团总裁兼CEO、著名的"打工皇帝"唐骏。

在这一系列微博中,方舟子针对唐骏在《我的成功可以复制》一书中透露的其个人学位、求学及工作经历,提出了多个疑问,并出示了部分查证证据,提出:"唐骏的'加州理工学院博士学位'是假的,是不是也要大家跟着复制如何造假?"

唐骏回应称自己从未在任何场合或出版物上提到自己的博士学位是从加州理工学院获取的,他的学位是美国私立大学——西太平洋大学(Pacific Western University)的博士学位。

方舟子接着怀疑唐骏所读的美国西太平洋大学"是一家著名的卖文凭的野鸡大学","此校在夏威夷注册,没有得到美国认证机构的认证"。

随着唐骏的"学历造假"风波愈演愈烈,其曾经就职过的微软、盛大、新华都等多家公司也可能受到牵连。其中,盛大的招股说明书中提到的唐骏的学历更是成了焦点中的焦点。

让唐骏也始料未及的是,他的母校因此而迅速成为网络热词——这所被网友称为"野鸡大学"的美国高校,竟被网友翻出了一大批博士毕业生名单。国内多家国企、事业单位的管理人员赫然在列。

(来源:网络)

 ## 观点碰撞

观点一:公众人物应做诚信表率

网友 emin:看到此事,想起来了小说《围城》中混假学历的方鸿渐。

网友 lapolly:唐骏出道之时的学历造假、经历造假,确实是其事业乃至人生一个难以抹去的污点。虽然学历不重要,可是诚信很重要,唐骏作为一个公众人物就应该为诚信立人做出表率。

网友铁汉：唐骏有没有能力与学历是否有假，这是两个问题。那些认为唐骏已经证明自己不是靠学历吃饭，因而学历如何不值得讨论的人，要么是糊涂到家，要么是故意扰乱视听。一个人再有能力也不能改变自己的学历。一个人不靠学历吃饭，不代表他可以随便叙说自己的学历。一个人坦荡自信，也没必要有意模糊自己的学历，或者故意制造别人对自己学历的误解。

网友孤鸿：有些人为了成功，放弃了社会最基本的道德，越过了道德底线去行事！而有些人总是乐意去追捧成功者，而去忽略这些光鲜背后的丑陋！我想说，唐骏，你们真的错了，你们的错误不仅是个人的，而且是这个社会对于学历门槛儿的追捧和认同，你可以说你是身不由己，但不要再找那些荒唐的理由了！

网友2月飞鸟：我是一个高中生，每次月考都有人为了所谓的名次、荣誉去作弊！而我坚持住了，在3年的大考中没有一次掉进这个深渊，即使有这样的机会我也不会这样做，因为诚信需要我们从小锻炼。虽然有时名次差点，但是我可以大声地说我的成绩不掺水分，拿着真实的成绩，我因它而骄傲！朋友，在诱惑面前坚持下去，坚持下去你就会胜利！

观点二：事业成功比学历更重要

假文凭事件发生后一周（2010年7月12日），保持沉默近一周的唐骏接受了Famous记者的电话采访。

Famous：真诚算不算一个成功的要素？

唐骏：当然是一个要素，你不真诚就很难成功，如果不真诚的话你根本就做不到这一天。有的人说我们这个世界上很多人靠花言巧语，你可以蒙一个人，那如果把全世界都给蒙了，就是你的真诚蒙到了别人，你欺骗一个人没问题，如果所有人都被你欺骗到了，就是一种能力，就是成功的标志。

Famous：所以你还是觉得自己是一个真诚的人。

唐骏：当然了，从头到尾我都是一个真诚的人！

网友假惺惺：人家不过找个小学校混个学历，再出来打工的。谁找工作的时候不吹牛啊？

网友daotongx：不要把博士看得太重了，成功就说明了一切问题。

网友寒心剑魔：学历只是一纸文凭而已，根本不重要。是人就会有虚荣心，吹吹牛太正常了。

第一视频新闻网：不要过于谴责、嘲笑那些持有假文凭的人（做一点批评就可以了）。他们是无可奈何、迫不得已而为之的。他们中的许多人是可以原谅，甚至应该被同情的。因为我们今天这个社会，太看重分数、名次、学历、文凭……该被谴责、被嘲笑的首先应该是这种观念、这种现象，以及这些人……

日本新华侨报：没有博士学位的唐骏就不是今天的打工皇帝了吗？而那些有博士学位的人，至今不也只能做个打工乞丐吗？"学历门"不仅仅是唐骏和他同学的错，更折射出中国社会体制的一种错，这才是更应该纠正的。

（来源：网络）

 **智慧心语**

人的一生，主要有两件事，一是做人，二是做事。古人说得好："所守者道义，所行者忠信，所惜者名节。"因此，诚信首先是个道德与价值观问题。它是一种不分时代、不分地域的普遍价值。

中国人把诚信作为立身处世之本，在为人处世中，"不精不诚，不能动人；精诚所至，金石为开""谨而信（谨慎和诚信）""敬事而信"是最基本的准则。从小我们听了很多耳熟能详的故事：《曾子杀猪》《商鞅立木》《季札赠剑》《范式守信》《季布一诺千金》。西方传统中对此也有相应的表达：《圣经》里说"诚信比财富更有价值"；西方谚语中亦有"诚实是最好的政策"的说法；

富兰克林曾说,"失足,你可能马上复站立,失信,你也许永难挽回"。他们强调的都是诚信的价值观念。诚信对一个人而言,有时候与眼前利益相斥,很多人缺失一种长远的眼光来看待诚信。实际上,诚信只有一次,只要你有一次丧失了诚信,你的信任度就会下降,甚至还会出现信任危机。就算靠着钻营和欺骗暂时谋取蝇头小利或取得成功,最终也难逃被淘汰出局的命运。

诚信应该是一个习惯,是一种从心理到行动的一致。那么如何培养诚信的价值观呢?作为高中生,可以从以下几点来提醒自己。

其一,勿以恶小而为之。诚信在日常生活中最基本的要求就是不损害他人,不危害社会。这就是良心,是做人的底线。

其二,不要辜负别人的期待和信任。"言必信,行必果",说到一定做到,做事一定坚持到底。"诚信"的养成,除了要靠"自律",也要靠"他律"。每个人都希望得到他人的尊重和信赖,而他人对于我们的期待,正是对个人道德修养的一种良性约束,是养成"诚信"习惯的重要力量。

其三,善于检验言行,自我反省。在事前事后想一想:明天,如果在一份你的亲朋好友都会阅读的报纸上,你做的事被刊登为头条新闻,你会不会因此而感到羞愧?会不会无法面对自己的良心?如果得到的结果是令自己羞愧的,就有必要深刻反省,下定决心将来再也不做类似的事。每个人都要对自己的良心和承诺负责,这种自己和自己达成的协议与默契是维持诚信价值观的最好方式。

🎓 成长空间

身边故事

某班级在寒假结束前开设了研究性课题,小王和几位同学想了解杭州市区垃圾分类的现状,并对此进行分析。于是大家做了详细的分工。小王承担了调查这块任务,需要到各个不同的小区去了解小区对垃圾房的设置;

去和环卫工人聊天，了解他们对垃圾分类的理解；去向路边不同年龄的人发放调查表，了解他们对垃圾分类的意识。结果过年走走亲戚，再出去旅游一趟，回来又发现寒假作业还有很多没有完成，调查的事情一拖再拖。到开学时小组成员要根据小王调查的数据写结题报告了，小王才发现什么都没有完成。面对大家的催促，小王有点急了……

反思讨论

1. 你认为小王可能会有哪些行动？为什么？

2. 如果因为没有数据完不成报告，整个小组成员期末该科目的成绩都可能是不合格。面对这种现实，如果你是小王，你会怎么办？

3. "诚实"在你心中是一个褒义词吗？在今天的社会中，有人说"诚实等于木讷、吃亏"，你是怎么看的？（填写在下方）

> 对"诚实等于吃亏"，你的看法：
>
>
> 如果不诚信可换取成功，你的真实想法是：

4. 思考以下问题：

(1)下面这些事情你是否认为是不诚信的表现呢？

A. 作业忘记完成，告诉老师是因为忘记带回去所以没有做。

B. 明明自己做了某事，怕受到老师的批评，而将责任推到他人身上。

C. 早上睡觉睡过头，迟到了，告诉老师是因为身体不舒服所以迟到。

D. 题目做不出来，抄袭了同学的作业。

（2）如果不诚信，可以换取你的成功，你会以失去诚信换取成功吗？比如考试时遇到一些问题，如果做不出就会考不及格，你会选择作弊吗？

A. 趁老师不注意或者交卷混乱时看别人的答案。

B. 心里很想看，但不敢。

C. 随便乱填。

（3）你认为考试作弊的原因是什么？看到别人作弊，你会怎样想？当别人通过作弊取得了成功，你会羡慕吗？

A. 制止　　　　B. 不赞成，但也不管　　　　C. 跟着作弊

（4）如果考试时你的好友坐在你后面，他叫你把答案给他看，你会怎么做？

（5）有的同学认为期中、期末考试这些重要的考试我不作弊，但在平时的小测验或者语文、英语默写这些课堂练习时做点小抄没有关系。你怎么看？

（6）你认为坚持诚信，能赢得别人对你的信任吗？你在乎吗？

旁征博引

信，国之宝也。　　　　　　　　　　　　　　　　——《左传》

自古驱民在信诚，一言为重百金轻。　　　　　　　——王安石

如果我们的国家有比黄金还要贵重的诚信，有比大海还要宽广的包容，有比高山还要崇高的道德，有比爱自己还要宽广的博爱，那么我们这个国家就是一个具有精神文明和道德力量的国家。　　——温家宝

拓展延伸

从诚信谈起——给中国学生的一封信（节选）

坚守诚信、正直的原则

　　我在苹果公司工作时，曾有一位刚被我提拔的经理，由于受到下属的批评，非常沮丧地要我再找一个人来接替他。我问他："你认为你的长处是什么？"他说："我自信自己是一个非常正直的人。"我告诉他："当初我提拔你做经理，就是因为你是一个公正无私的人。管理经验和沟通能力是可以在日后工作中学习的，但一颗正直的心是无价的。"我支持他继续干下去，并在管理和沟通技巧方面给予他很多指点和帮助。最终，他不负众望，成为一个出色的管理人才。现在，他已经是一个颇为成功的公司的首席技术官。

　　与之相反，我曾面试过一位求职者。他在技术、管理方面都相当出色。但是，在谈论之余，他表示，如果我录取他，他甚至可以把在原来公司工作时的一项发明带过来。随后他似乎觉察到这样说有些不妥，特做声明：那些工作是他在下班之后做的，他的老板并不知道。这一番谈话之后，对于我而言，不论他的能力和工作水平怎样，我都肯定不会录用他。原因是他缺乏最基本的处世准则和最起码的职业道德："诚实"和"讲信用"。如果雇用这样的人，谁能保证他不会在这里工作一段时间后，把在这里的成果也当作所谓的"业余之作"而变成向其他公司讨好的"贡品"呢？这说明，一个人品不完善的人是不可能成为一个真正有所作为的人的。

（作者：李开复）

第二节 法律法规

现实扫描

卫哲"欺诈门"

卫哲工作履历

1993 年进入上海万国证券公司(现申银万国证券公司),后任资产管理总部副经理。1997 年 1 月,卫哲担任普华永道会计财务咨询公司收购及兼并部高级经理。1998 年 7 月,卫哲返沪加入东方证券投资银行总部任总经理。2002 年 6 月,被任命为百安居中国区总裁。2003 年,被任命为翠丰集团(百安居母公司)亚洲采购中心首席代表。

2006 年,加入阿里巴巴集团,担任阿里巴巴公司总裁及阿里巴巴集团执行副总裁。

2011 年 2 月 21 日,阿里巴巴宣布卫哲辞职。

(来源:凤凰网财经人物)

事件回顾

2011 年 2 月 21 日,阿里巴巴 B2B 公司宣布,为维护客户第一的价值观,捍卫诚信原则,2010 年该公司有约 0.8% 即 1107 名"中国供应商"因涉嫌欺诈被终止服务,该公司 CEO(首席执行官)、COO(首席运营官)为此引咎辞职。阿里巴巴表示,公司绝不能变成一台仅以赚钱为目的的机器,违背公司价值观的行为丝毫不能容忍。

B2B公司对外宣布,该公司CEO兼总裁卫哲和COO李旭晖因上述原因引咎辞职。B2B公司原人事资深副总裁邓康明引咎辞去集团CPO(首席人力资源官)职务,降级另用。

B2B公司信息显示,从2009年开始,贯穿2010年全年,该公司国际交易市场上有关欺诈的投诉时有发生。虽然从2010年第三季度开始,B2B公司已经开始关闭涉嫌账号并采取措施以图解决问题,但上述投诉仍未绝迹。近一个月前,B2B公司董事会委托专门的调查小组,对上述事件进行了独立调查,查实2009、2010年两年间分别有1219家(占比1.1%)和1107家(占比0.8%)的"中国供应商"客户涉嫌欺诈。上述账户已经被全部关闭,并已提交司法机关参与调查。

在调查环节中,有迹象表明,B2B公司直销团队的一些员工为了追求高业绩高收入,故意或者疏忽而导致一些涉嫌欺诈的公司加入阿里巴巴平台。先后有近百名销售人员被认为负有直接责任。这些人员将按照公司制度接受包括开除在内的多项处理。

(来源:《浙江日报》)

观点碰撞

马云让卫哲辞职值得吗

史玉柱(巨人集团董事长):巨人企业文化里有句"敢于承担个人责任",近年可能已流于形式。看到阿里巴巴CEO卫哲引咎辞职,深感阿里巴巴才真正敢于承担个人责任,阿里巴巴的成功绝非偶然。如此重大人事变动,设想下,如果换我坐在马云椅子上,说不准会因缺乏魄力而破坏公司规则。

李国庆(当当网CEO):无论因业绩、办公室管理还是公司业务出现欺诈,都请给高管留足面子,辞职已经是当事人职业生涯代价,别搞成引咎;也别在公司内声讨,更别诉诸媒体。虽然这样对您和阿里企业有益处。让我们一起营造合伙人和职业经理人健康的进退氛围。

谢文(互联网资深人士):B2B模式里的问题在卫哲进入之前就存在,甚至是这种模式胎里带来的。一个上市公司搞这样的动作应该有其他问题,法律纠纷会随之而来。

王利芬(优米网创始人):一个公司的发展出一些差错甚至犯一些错误这是难免的,关键看你如何看待这些错误,如何处理。昨天马云对阿里巴巴的处理真的让人敬佩,看起来企业会付出一些暂时的代价,但此举让这家公司赢得了长久立足的资本并让人尊敬。

陶然(阿里巴巴集团高级公关总监):都知道阿里巴巴最讲价值观,但很多人都以为是嘴上说说或弄成文化墙给别人看。这次0.8%欺诈账户的事,比例很小,可能有的公司就瞒下了,我们毫不避讳,自己把胸膛扒开把伤口给人看,CEO都因此辞职了。这下知道价值观是动真格了吧。成功的人和公司,共同的特质就是坚持有梦想,话很简单做到不容易。

网友观点:卫哲辞职是否重新唤起了阿里的价值观?卫哲的牺牲究竟是一场震动还是一场阵痛?是否领导阶层的表率与举动足以颠覆欺诈门的背后?抑或是为3·15的到来走了一场秀?商业圈里,最忌讳的就是欺诈,尔虞我诈,欺行霸市,终究扰乱了市场的规则,谁不遵守这个圈子里的规则,就注定了要出局。

网友观点:而今社会越来越发达,诚信危机却越来越严重,行业竞争越来越激烈,面对阿里巴巴这次所出现的欺诈性丑闻,虽然在情理上,我们不能要求此类公司不犯错误,然而,从事实上来讲,这种错误是可以扼杀在摇篮之中的,是可以通过管理去摘掉这个毒瘤的,无论是因为疏忽还是利益,这种对客户造成巨大损失的事情必然会被市场来一个狠狠的还击。

（来源:网络）

智慧心语

诚信究竟值多少钱,这个也许谁也说不清楚,但国内首个系统介绍社会力量推动质量信用体系建设的白皮书,给了我们一个大致概念。据该白皮书披露,每年我国因为失信造成的经济损失高达 5855 亿元人民币,其中因为制假售假、产品质量失信的经济损失就达 2000 多亿元。

在今天的社会市场经济条件下,诚信已经不仅仅是一种道德规范,而是兼有法律规范的作用。所有的国家,都不可能仅依靠道德解决诚信问题,而必须依靠法律制度规定违背诚信的责任。诚信原则逐步上升为一种法律原则,始自罗马法,后来被法制史中重要的民法所继承和发展,比如法国民法、德国民法、瑞士民法等,如《瑞士民法典》总则第二条规定:"任何人都必须诚实地行使其权利并履行其义务。"

诚实信用也是我国现行法律一个重要的基本原则,在《民法通则》《合同法》《消费者权益保护法》中有明确的规定。由于其适用范围广,对其他法律原则具有指导和统领的作用,因此又被称为"帝王规则",可见"诚实信用"并非一般的道德准则。在诚实信用成为法律规范的时候,违反它所承受的将是一种法律上的责任或者不利于自己的法律后果。因此,诚实信用又是支撑社会的法律的支点,是法律规范的道德。

阿里巴巴这次的人事震动,据称是为维护公司"客户第一"的价值观和诚信原则。这一方面是因为它自身的企业文化和社会的责任感;另一方面也说明了法律法规对一家想成为百年企业的公司的诚信具有的约束力。

就个人而言,诚信是高尚人格;就企业而言,诚信是良好商誉;就国家而言,诚信是良好形象。因此诚信不仅是个人的立身之本,也是政府的治国之本。

成长空间

身边故事

2010 年 3 月 12 日,浙江宁波某高校的 19 名大学毕业生,因未按时偿还助学贷款被银行告上了法院,9 名毕业生在接到法院发出的应诉通知后,立即还清了贷款,银行随后撤销了对 9 人的起诉,另有 6 人缺席判决,4 人联系不上。在被告缺席的情况下,宁波江北法院开庭审理了部分案件,并做出了一审判决,判令汪某等 6 名被告于判决生效后 10 天内偿还助学贷款的本金和利息。对于联系不上的被告,法院将通过公告的形式送达起诉状副本,公告期满后,再依法开庭审理。

夏某,焦作某高校 2008 年毕业,在校期间曾获得国家助学贷款 1.5 万元,毕业后他按时还本付息,信用记录良好。2010 年他发现一个创业商机,决定与几个朋友合作,可是资金不足,于是他向银行提出申请贷款,银行通过征信系统查询后发现他信用记录良好,于是很快给他发放了贷款,使他顺利开始了自己的创业之路。

反思讨论

1.同样是助学金贷款,为什么前者和后者的人生之路却大相径庭?

2.列举你所知道的因欺诈等行为触犯法律法规的不诚信事件,谈谈你对这些事件的看法。

3.遵守诺言、说话算数;实事求是,不说谎话和瞎话;守时;真诚地待人接物;不说超出自己能力的诺言。这些你都能做到吗?你透支过自己的信用度吗?你的诚信度如何?

你的信用度表现在：

你如何做到诚信：

 旁征博引

你可以在某些时候欺骗所有人，也可以在所有时候欺骗某些人，但是你无法在所有的时候欺骗所有的人。
——林肯

良好的秩序是一切的基础。
——伯克

法律是社会习俗和思想的结晶。
——威尔逊

拓展延伸

一、马云邮件全文

各位阿里人：

大家已经看到了公司的公告，董事会已经批准 B2B 公司 CEO 卫哲、COO 李旭晖引咎辞职的请求，B2B 公司原人事资深副总裁邓康明引咎辞去集团 CPO，降级另用。

几个月前，我们发现 B2B 公司的中国供应商签约客户中，部分客户有欺诈嫌疑！而更令人震惊的是，有迹象表明直销团队的一些员工默许甚至参与协助这些骗子公司加入阿里巴巴平台！

为此,集团迅速成立了专门小组,经过近一个月的调查取证,查实2009、2010年两年间分别有1219家(占比1.1%)和1107家(占比0.8%)的"中国供应商"客户涉嫌欺诈!骗子公司加入阿里巴巴平台的唯一原因是利用我们十二年来用心血建造的网络平台向国外买家行骗!同时查实确有近百名为了追求高业绩高收入明知是骗子客户而签约的直销员工!

对于这样触犯商业诚信原则和公司价值观底线的行为,任何的容忍姑息都是对更多诚信客户、更多诚信阿里人的犯罪!我们必须采取措施捍卫阿里巴巴价值观!所有直接或间接参与的同事都将为此承担责任,B2B管理层更将承担主要责任!目前,全部2326家涉嫌欺诈的"中国供应商"客户已经全部做关闭处理,并已经提交司法机关参与调查。

阿里巴巴从成立第一天起就从没以追逐利润为第一目标,我们绝不想把公司变成一台仅仅是赚钱的机器,我们一直坚守"让天下没有难做的生意"的使命!客户第一的价值观意味着我们宁愿没有增长,也决不能做损害客户利益的事,更不用提公然的欺骗。

过去的一个多月,我很痛苦,很纠结,很愤怒……

但这是我们成长中的痛苦,是我们发展中必须付出的代价,很痛!但是,我们别无选择!我们不是一家不会犯错误的公司,我们可能经常在未来判断上犯错误,但绝对不能犯原则妥协上的错误。

如果今天我们没有面对现实、勇于担当和刮骨疗伤的勇气,阿里将不再是阿里,坚持102年的梦想和使命就成了一句空话和笑话!

这个世界不需要再多一家互联网公司,也不需要再多一家会挣钱的公司;这个世界需要的是一家更加开放、更加透明、更加分享、更加责任,也更为全球化的公司;这个世界需要的是一家来自社会,服务社会,对未来社会敢于承担责任的公司;这个世界需要的是一种文化,一种精神,一种信念,一种担当。因为只有这些才能让我们在艰苦的创业中走得更远,走得更好,走得更舒坦。

令人欣慰的是，这次调查中我们发现绝大多数直销同事面对诱惑坚守住了原则，我很欣慰，在这里向他们致敬！我们更要感谢在面对这类事件中勇于站出来抗争的同事们，在他们身上我们看到了坚持诚信的勇气和原则的力量。我们看到了阿里的未来和希望！我们需要更多这样的阿里人！成非凡之事者，必须有非凡之担当！

卫哲和李旭晖的辞职是公司巨大的损失，我非常难过和痛心。但我认为作为阿里人，他们敢于担当，愿意承担责任的行为非常值得钦佩。我代表公司，衷心感谢他们对公司付出的不懈努力和贡献。

各位阿里人，B2B董事会任命陆兆禧兼任阿里巴巴B2B公司CEO，集团任命彭蕾兼任集团CPO。希望大家全力配合工作，相信我们可以让自己的公司更与众不同！

这是一个好时代，这是一个谁都不愿错过的时代！坚持理想，坚持原则，能让我们成为这个时代中的时代！

If not now? When?!

If not me? Who?!

此时此刻非我莫属。

马　云

2011年2月21日

（来源：腾讯科技）

二、染色馒头案件

据央视《消费主张》栏目报道，上海盛禄食品有限公司回收再加工利用的过期馒头，生产加了防腐剂和甜蜜素的高庄白馒头和柠檬黄染出来的玉米馒头，这些问题馒头在上海联华、华联、天天等超市都有销售。

2011年4月13日，上海市质量技术监督局吊销了生产染色馒头的上海盛禄食品有限公司分公司的食品生产许可证。上海公安部门对其法人代表叶维禄、销售经理徐剑明等5人依法刑事传唤,并予以刑事拘留。

2011年4月29日,上海市政府联合调查组根据《食品安全法实施条例》的有关规定,对相关责任人员提出了行政处理意见。此外,涉及销售染色馒头的超市也开展了问责调查,上海联华超级市场发展有限公司董事长、总经理汤琦受到警告处分和经济处罚;公司生鲜采购部负责人徐宏瑜受到记过处分,并被调离工作岗位。

第三节 道德自律

现实扫描

谈谈现代版插队问题

在超市结账、去银行取钱、到医院看病、乘地铁、坐公交……排队的事儿随处可见。

为使排队更加科学有序,银行率先改变了传统的排队方式,取而代之的方法是客户只需在大厅的电子触摸屏上领取排号卡,就可以放心地坐在柔软的座椅上等待。屏幕及时提醒,广播轻声呼唤,一切井然有序,温馨公平,颇为人性。

近日,我去一家银行营业厅办理业务,领到排号卡后,第一反应就是与屏幕上的序号进行比对,一看还相差几十号,估计要等很久。好在那天随身带着书刊,比起闲坐的众人,等待的时间还不那么难挨。突然,耳旁一阵窸窸窣窣的声音干扰了思绪,循声打量邻座,原来是个小伙,只见他在座位上挪来挪去,烦躁不安。手中的排号卡也成了他的出气筒,被揉搓得皱皱巴巴,看来他的号码与广播中呼唤的数字还相去甚远。

在等候中发现常有呼叫几次也无人回应的空号,一般是有人中途放弃了。空号越多进度越快,也让人在无奈中有了一丝振奋。又一个空号出现了,号码已经呼叫了两次但仍无人前去办理。我开始暗自庆幸前面又少了一个人,可就在这时,只见邻座的小伙儿迅速地扫视了一下左右,便毫不犹豫地站起身，径直跑向窗口。我暗自惊讶：还没轮到他呀，怎么……旁人视若无睹。随后，我又开始为他担心，这若是被办事员发现了，该多难堪呀！说来也怪，小伙儿并没有遇到阻碍，顺利办完了业务，带着满意的笑容离开了。在众目睽睽之下，他完成了一次现代版的插队。

营业厅内的一切仍旧按部就班、有条不紊地继续着，大厅里的人们还在静静地等候。除了我，无人知晓刚刚发生过的一幕。小伙儿的那张排号卡被遗弃在座椅上，孤零零、皱巴巴的……

面对现代版的排队，靠什么来规范那些无规则意识呢？靠对他人的尊重，靠对自己行为的自省。文明有时只是一些很小的动作，"不因善小而不为，不因恶小而为之"。

（来源：网络）

 ## 观点碰撞

到底要不要插队

观点一：可以插队

● 在中国这么一个人口众多，资源相对短缺的国家，如果什么事情都是老老实实排队的话，要排到猴年马月？憋尿憋出病来就是例证！

● 人不插队，我不插队。人若插队，我必插队。排队的时候，别人都插队，难道你就一直排下去吗？

● 其实我也不想插队，但是有时候老老实实地排队，反而会吃亏。比如排队上公交车，老实排队，反而上不了车。排队买东西反而会买不到。

● 对于开车来说，如果你不插队，堵起来的时候你可能会原地不动，前面连续不断地有车插队。

观点二：不能插队

● 如果大家都这样，你有急事，我也有急事，都来插队的话，那不乱成一

团了吗？特别是碰上堵车的时候，就你聪明知道插队，我们就傻只知道傻等吗？这是个人素质问题，也是城市文明程度的表现。

●插队就是错误的。不要拿中国到处都有插队现象来反驳我，中国人民的素质为何普遍不高？就体现在插队这一方面，明知是错的，却不知悔改，继续插队，让人想起了鲁迅先生大批特批的国民的劣根性。

●作为中学生应该对时代、对人民、对国家、对历史有一个清醒的认识。上一代的缺点，我们要积极改正，更不能被社会上一些不良风气所传染。就拿插队来说，插队是错误的，但是一些同学似乎根本就不知道，这不能不让人感到气愤。你是学生，你应该意识到种种错误的行为，应该坚决抵制，你起码是个人，你就应该有正确的荣辱观。所以我奉劝，自己先不要插队，有自己的熟人插队，先不说你能当即劝阻，你只要能够表达出你对插队这种行为的憎恶与反对就够了。

●不管大家对插队的态度怎样，"排队光荣，插队可耻"这句话总是对的，总有一些客观真理是插队者不愿提及的。不管是插熟人、另起一排还是厚着脸皮往前插，都是插队的行为。凡是插队都是错的，希望同学们谨记。以后当你看到插队的行为，或者自己想插队了，你都要想想"排队光荣，插队可耻"，想想该不该去做一件根本错误的事情，相信你会找到自己的答案。

（来源：网络）

 **智慧心语**

很多人插队的理由是：中国人多，资源紧缺，排队耗时耗力。可是，从另一个角度来说，如果没有了纪律的约束，大家随意插队，就会扰乱正常的社会秩序，使得事情更为混乱，影响社会的和谐发展。中国正在创建和谐社会。和谐社会的一个重要标志是安全有序。只有有序的社会才能进一步促进社会的发展，而社会的发展是大家的共同目标。

其实插队不合理是每一个人都懂的道理，重点在于你能否自觉做到自律。一个人插队，可能也暗示了这个人在其他需遵守政策法规的时候会钻政策的漏洞。比如闯红灯、找关系其实也是某种意义上的插队，这说明这个人的道德自律能力不够。这里就涉及一个道德自律的问题。那么何谓道德自律呢？

自律，即以自己的全面发展、和谐发展、可持续发展的规划为准绳，严于律己，约束自己沿着既定目标，一步一个脚印地踏实奋进。自律的过程就是自塑的实施，是自塑的体验、积累、造就。不能自律的人，往往没有忧患意识，更谈不上有追求。

自律这个内在的驱动力，恰恰为你追求梦想注入了无限的力量。作为高中生可以用以下八个自律点来塑造我们的人格。

一、远志。即学会跳出个人小视野，从历史文化、时代趋势、社会发展、民族复兴、人类进步等国际视野高度看周围，努力形成正确的世界观、人生观与价值观。

二、博爱。包括自爱（自尊自重、珍爱生命），爱他人（亲人、师友、合作伙伴、民族同胞、国际友人），爱班级，爱学校，爱国家。博爱的另一面，是惜财爱物，热爱大自然，敬畏生命。

三、守纪。包括课堂守纪，早晚自修守纪，寝室守纪，校内、校外等一切公共场所守纪。纪律是秩序与成事的保证，纪律决定态度，态度左右一切。

四、礼貌。包括对老师，对同学，在校内，在校外，言谈温雅礼貌，举止文明大方，倡导淑女气质和绅士风度。

五、团结。包括热情于人，谦和于人，大度于人，宽容于人，具有想人所想、急人所急、主动与人结好、求同存异、真诚合作的气度。

六、诚信。包括诚实做人，一诺千金，尽心尽责，杜绝虚伪，取信于人。考试是检验学生诚信度的试金石，学生的诚信首先从考试的自砺中培养。

七、俭约。包括衣、食、器、用尚俭，爱惜国家财产，珍惜父母劳动成果，培养成大事者所必备的俭约作风,避免奢侈享乐而丧志的事态发生。

八、坚韧。即决断事物要坚决,毫不犹豫;面对困难,锲而不舍,挫而弥坚。

🎓 成长空间

身边故事

艾嘉来自美国加州,现在中国南京读书,在学校里她与家住南京又是同学的中国女孩王红非常要好。某一年的中秋节,王红与父母说好要请艾嘉到家中做客。过节那一天,艾嘉准时赴约。王红的父母做了一桌非常丰盛的饭菜,通过王红得知艾嘉非常喜欢吃鲟鱼,又特意红烧了一条。可是在吃饭的时候,他们注意到艾嘉只是用筷子碰了一下鲟鱼,此后就再也没动一下,王红为她斟满的一杯红酒,她也未沾一口。于是,王红母亲禁不住问了一句:"鱼烧得不好吃吗?"艾嘉忙起身答道:"不是的,这鱼闻起来非常香,看起来也很好吃,但有一点,我们所在州的法律规定:怀'子'的鲟鱼是不许吃的。"

王红又接着问:"那么酒呢? 你为什么不喝?"艾嘉同样回答道:"在我们美国,不满 19 岁的女孩子是不许喝酒的。"此时,王红的父亲忍不住说了一句:"不要紧的,这是在我们中国,美国人是不会知道的。"可艾嘉回答说:"作为一个美国公民,即使不在本国,法律也是要遵守的,这是我们国家对我们的要求,我必须自觉地遵守。"

反思讨论

1. 你如何看待故事中艾嘉的行为?

2. 你觉得自己的自律能力强吗? 在平时的生活和学习当中有哪些地方需要做到自律?

3. 没有车过来,你会为了节约时间闯红灯吗? 你会横穿马路吗? 无人

监考,你能诚信考试吗? 无人监控的情况下,你如何做到自律? 谈谈你的体会。(填写在下方)

> 无人监控时,你如何做到自律:

旁征博引

若有人兮天一方,忠为衣兮信为裳。　　　　　　　　——卢照龄

对自己真实,才不会对别人欺诈。　　　　　　　　　——莎士比亚

成功源于自律,一个人若没有果断的品质,他就永远不能算是一个独立的人……他不过是一个任由环境摆布的玩偶。　　——约翰·福斯特

拓展延伸

女部长的妈妈

在美国一所大学的日文班里,突然出现了一个 50 多岁的老太太。开始大家并没感到奇怪。可过了不长时间,年轻人们发现这个老太太并非退休之后为填补空虚才来这里的。每天清晨她总是最早来到教室,温习功课,认真地跟着老师阅读。老师提问时她也会出一脑袋汗。她的笔记记得工工整整。不久年轻人们就纷纷借她的笔记来做参考。每次考试前老太太更是努力复习、补缺。

有一天,老教授对年轻人们说:"做父母的一定要自律才能教育好孩子,你们可以问问这位令人尊敬的女士,她一定有一群有教养的孩子。"

　　一打听,果然,这位老太太叫朱木兰,她的女儿是美国第一位华裔女部长——赵小兰。

(来源:人民网)

内心自律,不可改变

　　《元史·许衡传》载:(许衡)尝暑中过河阳,渴甚,道有梨,众争取啖之,衡独危坐树下自若。或问之,曰:"非其有而取之,不可也。"人曰:"世乱,此无主。"曰:"梨无主,吾心独无主乎?"

　　《元史·许衡传》记载:许衡曾经有一年夏天外出,天热感觉口渴难耐,刚好道旁有棵梨树,众人争相摘梨解渴,唯独许衡不为所动。有人问他为何不摘,他回答说:"不是自己的梨,岂能乱摘!"那人劝解道:"乱世之时,这梨是没有主人的。"许衡正色道:"梨无主人,难道我心中也无主吗?"

大气篇

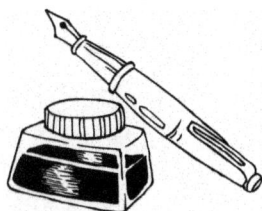

第 一 章

人　生

说到大气，不少人会有一种误解，认为只有地位高、财富多的人才有资格谈大气。其实不然，大气是人生的境界，而一个人的魅力如何，很大程度上取决于他是否大气。大气是大眼界，着眼当下，放眼未来，无论顺境逆境中都心存忧患意识；大气是大气度，立足现状，志存高远，沿着追求真善美的旅途义无反顾地向自己的理想进军；大气是大手笔，历经艰难，百折不回，即使遭遇狂风暴雨仍能闲庭信步谈笑风生的坚持。

第一节　忧　患

现实扫描

国家公祭读本首进中小学课堂，增强学生忧患意识

历史是最好的教科书，一个优秀的民族，必定是一个尊重历史、牢记历史的民族。从 2014 年秋季学期开始，"南京大屠杀死难者国家公祭读本"（以下简称公祭读本）首次正式进入南京中小学校。

公祭读本是我国第一套全面讲述南京大屠杀历史真相，并结合课堂教学的历史读本。2014 年 2 月 27 日，全国人大常委会通过决定，将每年的 12 月 13 日设立为南京大屠杀死难者国家公祭日。在江苏省省委宣传部支持下，南京市教育局组织编写公祭读本并在开学前首发。

南京市教育局局长吴晓茅介绍，公祭读本包括《血火记忆》《历史真相》和《警示思考》三册，结合不同年龄段学生实际而各有特点，分别供小学五年级、初中二年级、高中二年级学生阅读和学习。《血火记忆》以南京大屠杀历史事件中的关键人物为切入点，重点选编了 10 个人物小故事，有侧重地介绍基本史实，引导小学生形成基本的历史认知；《历史真相》以重大史实为脉络，强调以点串线和呈现历史真相，要求学生形成正确的历史认识，理解设立国家公祭日的意义；《警示思考》以重大历史事件为主线，通过若干主题，强调高中学生的探究与思辨。作为一门地方课程，南京将把《血火记忆》融入小学课程教学，课堂学习时间不少于 3

课时,社会实践活动不少于1课时。朱卫国评价说,公祭读本让侵华日军南京大屠杀这段历史更多地走进中小学课堂,使国家苦难的历史通过国民教育体系真实地展现给学生,对于增强学生的忧患意识和自强精神意义重大。

（来源:《新华日报》）

✎ 故事链接

践行"中国梦":常怀忧患心是更有自信的表现

畅想美好未来能提升我们的信心,但未来是从眼前出发的,是从化解当下的一个个忧患开始的。

在畅想"中国梦"的时候,强调一下忧患意识,能让我们对未来的信心更坚实,步子迈得更沉稳,头脑更清醒,心态更从容。

在描画未来的同时,常怀忧患之心,是更有自信的表现。近代以来,我们从来没有像今天这样离民族复兴的梦想这么近,这个自信,是多少年来的高速发展给我们的。但满怀信心遥想"中国梦"的时候,同样应该认识到,在国家发展道路上,没有"天命所归"的必然,只有扑面而来的像孙悟空七十二变式的风险,梦想最终能否变成现实,取决于未来应对风险的能力和智慧。

美好的未来是我们每个人踏踏实实干出来的,不是想出来说出来的。近年来,一些经济学家喜欢一边掰着手指头算账,一边断言再过多少年中国就将超过美国,成为第一大经济体,好像中国未来的大国地位已经是命定的,那种掩饰不住的虚骄之气给人的不是信心而是盲目的自负。其实我们和所有进入中等收入水平的国家一样,都面临着巨大的转型风险,只有处理和应对好风险,才能接近"中国梦"。一些国家在现代道路上有过的教训也说明,对于一个国家和民族来说,忧患意识一刻也不能丢。在20世纪七八十年代以前,拉美大多数国家都经历了大规模工业化和城镇化进程,纷纷进入中等收入国家行列,但此后的几十年里,许多国家经济增长相继陷入停滞,有的国家这种状况持续了四五十年之久,掉入了人们常说的"中等收入陷阱"。比如说阿根廷,早在 1910 年的时候就已经很牛了,按当时的人均收入水平计算,就是世界上最富裕的 10 个国家之一,超过了法国和意大利,1950 年前后,阿根廷的人均收入水平还是日本的 3 倍,但由于后来的宏观政策失当,至今一直徘徊在高收入国家的大门外,难逃掉入"陷阱"的噩梦。人家的教训,其实就是我们的财富。

美好未来只有在不断的自我超越中才能实现,眼下,我们发展中的不均衡仍很突出,科技创新能力不强,产业结构不合理,农业的基础地位还很薄弱,资源环境约束加剧,制约发展的体制机制障碍较多,贫富和区域差距都很大,不仅如此,高速发展积累起来的矛盾明显增多,部分群众还生活在比较困难的状态中,社会风险还不少,道德失范、诚信缺失、腐败、形式主义、官僚主义和奢侈浪费等现象还很严重,这些都有待我们一个一个解决。

瞄准当下,心存忧患,某种程度上说,和描画未来一样有意义。十八大报告特别提醒我们,"面对新的历史条件和考验,全党必须增强忧患意识,谦虚谨慎,戒骄戒躁,始终保持清醒头脑"。只有不断增强忧患意识,才能在国家竞争中增强紧迫感,才能离"中国梦"更近一步。

(来源:《齐鲁晚报》)

观点碰撞

我们需要怎样的忧患意识

徐漪澜同学:如果没有忧患意识,我们就不知珍惜得来的一衣一食;如果没有忧患意识,我们就不会剖析和谐社会背后一些不为人知的秘密;如果没有忧患意识,国家无法成长,时代也就无法进步。为此,我们不应只安于安居乐业的现状,而要放远目光,为未来考虑。

应悦同学：很多时候，我们不是跌倒在自己的缺点上，而是跌倒在自己的优势上，因为缺点常常给我们以提醒，而优势却常常使我们忘乎所以。忧患意识可以降低危险的发生率。再看看现实生活中的一些例子，我们不也是因为拥有了某些东西，而丢掉了很多美好吗？

徐元杰同学：在这个自然界中，几乎所有生物都有天敌，唯有具有高智慧的人类缺少天敌。正因为如此，人类更应有忧患意识。在竞争激烈的社会中，一个人只有拥有忧患意识，才能立足。

戚文杰同学：居安思危不是坏事，但是思危过了头，那就是杞人忧天，适得其反了，还不如过会安逸的生活让自己好好休息，这样可以以更饱满的精神去面对生活中的一切机遇和挑战。

林佳莹同学：生于忧患死于安乐，流传千年的话固然不假，然而若以个人忧患而滥用手中权力，就不免导致不幸的结局。个人的意识是能作为一种信仰，而这种信仰一旦被转化为一种生死可予的主义，忧患就不再具有使人更好地生存下去的意义了。只有适度的忧患意识才能化为上进心。

智慧心语

《周易》云："安而不忘危，存而不忘亡，治而不忘乱。"

《战国策》云："于安思危，危则虑安。"

《新五代史》云："忧劳可以兴国，逸豫可以亡身。"

中国古代典籍中，关于忧患意识的至理名言不胜枚举，这是中华传统文化中的宝贵财富，是中华民族几千年来赖以生存发展和进步的智慧结晶。

安逸享乐是精神的麻痹剂和毒品，在虚幻的快感中潜伏着毁灭的危机。商纣王淫逸享乐、贪恋美色、废弛朝政，把自己养成吃鱼而忘了捕鼠的懒猫，将前人"暴霜露，斩荆棘"创下的江山毁于一旦，最后落得个亡国灭种、自焚鹿台的可悲下场。

　　在许多国人眼里,海尔这个成功企业已经很强大,很了不起了。然而,一位跟踪报道海尔多年的记者却说,在他接触到的诸多企业中,海尔的"忧患意识"是最强的。海尔集团首席执行官张瑞敏时常挂在嘴边的一句话是:"战战兢兢,如履薄冰。"比尔·盖茨则说:"微软离破产只有 18 个月。"李彦宏给出的周期更短:30 天。研究表明,当人们意识到某事的成功概率约为50%时,为取得成功而发挥的潜能会达到最高峰。当企业度过初创期、快速成长期而渐近巅峰时,企业生命周期曲线会变得平缓并逐渐走向下坡,而危机感则有助于企业对潜在的风险及时做出反应,顺畅地进入下一个快速成长期。

　　习近平总书记曾强调,"面对错综复杂、快速变化的形势,要保持清醒头脑……牢牢把握主动权","既要正视面临的困难和挑战,又要看到具备的有利条件和积极因素,既要坚定必胜信心,又要增强忧患意识"。

　　随着生活水平的不断提高,我们的孩子变得娇贵,变得"软绵绵",缺乏忧患意识,这是许多老师和家长共同担忧的问题。如何培养学生的忧患意识,让学生吃苦耐劳？这是学校和老师共同研究的课题。深圳小学专门开了一门课程,叫磨砺教育,以小学的师资和课程为基准,另外借助一些社会力量对孩子进行磨砺教育。

　　增强忧患意识,不是要消极悲观,而是要居安思危,未雨绸缪。增强忧患意识,要运用辩证唯物主义和历史唯物主义方法,辩证地、全面地看待成就与问题的关系,自信而不自满,忧患而不悲观。一个没有忧患意识的民族,是一个没有希望的民族。只要我们都行动起来做忧国忧民的爱国者,时刻提高警惕,冷静思考,加强学习,开拓创新,为实现中华民族伟大复兴的中国梦贡献自己的一份力量。

成长空间

阅读《警示思考》（南京大屠杀死难者国家公祭读本之一），谈谈作为一名高中生，该怎样以史为鉴，践行"忧患意识"。

身边故事

小 A 自考入重点高中后，开始奉行"快乐学习"，作业能拖就拖，上课打打瞌睡，自修吊儿郎当。老师与他交流，他说他不想这么辛苦地学习，希望能随心所欲地生活，想干吗就干吗。至于以后，他也根本没考虑。用他的话来说就是"累不累，考虑这么多"。当老师谈到作为高中生要开始为自己负责的话题时，他觉得是老师多虑了。

反思讨论

1. 你身边有这样的同学吗？你是如何看待这类同学的想法与做法的？

2. 关于人生的"苦"和"乐"你有什么看法？你有过这样的价值观冲突吗？说出来与大家分享。

3. 怎样践行"忧患意识"？谈谈你的想法和做法。（填写在下方）

> 对"忧患意识"的认识：
>
>
> 怎样践行"忧患意识"：

旁征博引

安而不忘危,存而不忘亡,治而不忘乱。　　　　　　　　　——《周易》

生于忧患而死于安乐也。　　　　　　　　　　　　　　　——《孟子》

德之不修,学之不讲,闻义不能徙,不善不能改,是吾忧也。

——《论语·述而》

拓展延伸

《孟子·告子下》包括政治、战争、财政税收等多方面的治国问题,也包括政治、历史、个人修养等方面的内容。全篇原文 16 章,建议全文阅读。

其中《生于忧患,死于安乐》是非常著名的一章。孟子认为人才是在艰苦环境中造就的,所以说"故天将降大任于是人也,必先苦其心志,劳其筋骨,饿其体肤,空乏其身,行拂乱其所为",有了这样的磨炼,才能"动心忍性,曾益其所不能"。但这只是问题的一个方面,另一个方面是重视人的主观因素,提出"困于心衡于虑而后作"的观点,这样就把造就人才的主、客观条件都说到了。短文再由个人说到国家,提出"入则无法家拂士,出则无敌国外患者,国恒亡"的论断。这是针对国君说的,意思是,如果没有执法严格、直言敢谏的臣子,国君就会胡作非为;如果没有邻国的侵扰,国君就会耽于安乐,由此自然导出这一章的结论。

《生于忧患,死于安乐》原文如下:

舜发于畎亩之中,傅说举于版筑之间,胶鬲举于鱼盐之中,管夷吾举于士,孙叔敖举于海,百里奚举于市。故天将降大任于是人也,必先苦其心志,劳其筋骨,饿其体肤,空乏其身,行拂乱其所为,所以动心忍性，曾益其所不能。人恒过然后能改，困于心衡于虑而后作，征于色发于声而后喻。入则无法家拂士，出则无敌国外患者，国恒亡。然后知生于忧患，而死于安乐也。

第二节　理　想

现实扫描

西安青少年理想追求调查:52％青少年崇拜明星

小时候,你最崇拜谁? 长大了,你的理想是什么? 在"六一"节来临前夕,国家统计局西安调查队对 300 名中小学青少年开展了"理想信念、梦想追求、精神需求"的调查。2014 年 5 月 26 日公布的结果显示,26％的青少年人生理想首选教师,科学家、警察军人及 CEO 也成为理想职业。

最崇拜的是谁? 五成青少年崇拜明星,四成崇拜企业家。

青少年是一个拥有美好梦想的阶段,在问及崇拜哪些职业时,调查显示,最受青少年崇拜的是明星类职业,52％的青少年对明星有精神崇拜,其中影视明星占到三分之二,体育明星占三分之一。其次受青少年崇拜的是企业家,占 40％;对科学家、军人警察类和教师类职业崇拜的分别占 32％、31.6％和 27％。

但与此同时,生产一线职业未受关注。调查显示,生产运输类工人、从事农业生产的农民作为对社会经济发展贡献较大的群体,没有得到青少年的广泛认可,对其崇拜的仅占 5.3％和 8.7％。公务员虽然是目前最热门的职业,入职考试堪称第一大"国考",但并未受到青少年的崇拜,仅占 13.7％。

(来源:《西安晚报》)

✐ 故事链接

浙江首位盲人高考生：他的大学生活精彩又励志

2015年浙江高考，宁波慈溪出了一位特殊的考生郑荣权。

从出生起，他的世界里就比别人少了一份光明，视力只有0.05，几乎看不见东西；但他又是幸运的，作为浙江省首位盲人高考生，他通过参加普通高考被温州大学思想政治教育（师范）专业录取，并在8月顺利拿到了温州大学的录取通知书。

然而，两个多月的大学生活，郑荣权适应得如何呢？会不会因为看不见而受到委屈呢？带着家乡人对他的关心和祝福，记者来到了温州大学，真实记录了他两天的学习和生活。

记者来到温州大学时，郑荣权正在上"文化学概论"专业课。与其他同学只拿课本不同，郑荣权的课桌上放着一台笔记本电脑。老师讲课时，他便打开电脑，一只耳朵戴上耳机，在听老师讲课的内容时，会和电脑里课件的内容相印证，以防听漏重要的内容。

郑荣权说，一般情况下，他通过耳朵可以吸收课堂上90％的内容。对于难以理解的内容，课后再多听两遍。

班主任孙金波一直十分关注郑荣权的学习情况。"郑荣权的知识比较扎实，上课与老师互动较好，学习很有主动性。感觉这个孩子的知识面广，又有深度，能给出一些让老师特别希望得到的答案。"

对郑荣权来说，目前的学习状况中，最难的是英语课，因为没有盲文教材。就在我们采访时，学校为他购买的盲人点显器送到了，解决了英语课学习难题。

郑荣权开心地说："有了盲人点显器，可以把电子版的文档翻译成盲文显示出来，可以通过双手去触摸，这给我的学习带来了方便。"

上完课，郑荣权和同学一起步行返回温大溯初学区吃饭和休息。经过两个多月的摸索,他已经摸清了从宿舍到食堂、教室之间的道路状况,哪里有台阶、哪里有树木、哪里有坑洼,都已经印在了脑海里。

回到寝室,洗完衣服,就到晚饭时间了,郑荣权和室友宿文健一起来到食堂,独立完成了排队打饭,找到食堂为他特设的"爱心座位"坐下来,一切显得那样稀松平常。

对于大学生活与以前盲校的不同,郑荣权说:"我不仅要学好课业,还要参加社团活动,在社团活动中得到锻炼。"

2015年9月初,他到温大报到后,得到了同学不少帮助,他也想通过自己的努力回报大家。为此,他通过竞选当上了副班长,主动承担了许多班级事务。他还通过面试,成了温大法政学院学生会学习部的一名干事。

同学宿文健介绍:"有一次团队活动去爬山,山坡比较滑,天气又不好,但他还是一起参加了;在拔河比赛中,他也积极参与,拿下小组第一。他的参与,对我们来说是莫大鼓舞。"

老师和同学最担心的是郑荣权在校园内的安全问题,他们再三叮嘱郑荣权,如果走出学区,一定要和同学在一起。对于师生们给予的关心与帮助,郑荣权表示万分感谢,他说:"其实我就是一名普通大学生,除了必要的帮助,不需要给予太多的呵护。"

(来源:浙江在线)

观点碰撞

台湾女作家刘继荣在博文上说,她上中学的女儿成绩一直中等,却被全班学生全票推选为"最欣赏的同学",理由是乐观幽默、热心助人、守信用、好相处等。她开玩笑地对女儿说:"你快要成为英雄了。"女儿却认真地说:"我不想成为英雄,我想成为坐在路边鼓掌的人。"博文引发了广大网民的热议。

(来源:浙江省2012年高考作文题目)

智慧心语

理想是一个宏大的目标，它需要你用一生去追逐。

譬如跑步，如果你不知道你的终点在哪里，那么你一定会陷入无止境的彷徨，双腿像灌铅一般无法前行，因为你根本不知道这样漫无目的的长跑何时才是尽头；但如果告诉你终点就在前方的万米、千米，甚至百米处，你的脚步一定会变得轻盈。毕竟，你知道现在的每一步都表明你离终点又近了一步，纵使你会疲惫，但你会不断前行，因为前方有终点的召唤。理想，便是人生长跑路上不同路段的不同终点。

高中三年时光尤为宝贵，朝气蓬勃的我们总是会对未来充满憧憬和想象，我们的未来也存在着各种可能性，"年轻，没有什么不可以"便是对我们的青春的最好诠释。但是，我们不能把这种可能性理解为偶然性，而应理解为可塑性，换句话说，我们现在度过的每一天其实是在为我们的人生大厦添砖加瓦，理想，便是我们人生大厦的地基与框架。

古语有云：君子立长志，小人常立志。我们正处在十七八岁的美好年华，韶光易逝，我们应该趁这个机会多多思考未来与理想。理想的定位要放眼社会，放眼国家，而不是局限在个人的利益与物质层面。只有树立了理想，你的学习才会有强大的动力，正如史立兹所言：理想如晨星——我们永不能触到，但我们可像航海者一样，借星光的位置而航行。

同学们，理想，是我们对未来的向往；理想，是我们对未来的希望；理想，是我们对未来美好的憧憬。一辈子的理想、一个阶段的理想、一年的理想、一个月的理想，甚至一天、一小时、一分钟的理想。此时此刻，你是否已经为自己定下了远大的理想，并为之付诸行动了呢？

成长空间

拿出一张白纸,找一个安静的角落,静静地规划你的未来十年,如果可以的话,期限可以更长。

身边故事

孟琳燕夺得了国际生物奥赛金牌

在白俄罗斯举行的第十四届国际生物奥赛中,我校高三学生孟琳燕勇夺金牌,为国家赢得了荣誉。这枚金牌是浙江省在生物学科竞赛上的重大突破。初见孟琳燕,典型的理科女生模样,架着一副眼镜,很文静,但镜片后的眼睛里却闪烁着智慧的光芒。

谈到她的成功,孟琳燕说要为自己找一个能打动自己的理由和动力。特别是在进入国家队,看到自己与其他同学的差距后,那种证明自己,为学校、为自己争气的动力就愈加强劲了,要能够感受并享受每一天所学到的一点新知识。

反思讨论

1.你认为孟琳燕学姐能取得如此骄人的成绩,取决于哪些因素?

2.你是否考虑过自己以后想成为什么样的人?请用简洁的语言描绘你的理想。

3.怎样实现一个人的理想?需要怎样小步走?设计自己的行动。(填写在下方)

理想是什么：

实现它，当前目标是什么：

实现当前目标，现在你要做什么：

今天你要做什么：

实践人：

 旁征博引

燕雀安知鸿鹄之志哉！　　　　　　　　　　　　　　　　——陈涉

理想的人物不仅要在物质需要的满足上，还要在精神旨趣的满足上得到表现。　　　　　　　　　　　　　　　　——黑格尔

世界上最快乐的事，莫过于为理想而奋斗。　　　　　　——苏格拉底

拓展延伸

俞敏洪励志演讲稿（节选）

人的生活方式有两种。第一种方式是像草一样活着，你尽管活着，每年还在成长，但是你毕竟是一棵草，你吸收雨露阳光，但是长不大。人们可以踩过你，但是人们不会因为你的痛苦而产生痛苦；人们不会因为你被踩了，而来怜悯你，因为人们本身就没有看到你。所以，我们每一个人，都应该像树一样成长，即使我们现在什么都不是，但是只要你有树的种子，即使你被踩到泥土中间，你依然能够吸收泥土的养分，自己成长起

来。当你长成参天大树以后，遥远的地方，人们就能看到你，走近你，你能给人一片绿色，一片阴凉，你能帮助别人。即使人们离开你以后，回头一看，你依然是地平线上一道美丽的风景线。树，活着是美丽的风景，死了依然是栋梁之材，活着死了都有用。这就是我们每一个同学做人的标准和成长的标准。

　　每一条河流都有自己不同的生命曲线，但是每一条河流都有自己的梦想，那就是奔向大海。我们的生命，有的时候会是泥沙，你可能慢慢地就会像泥沙一样，沉淀下去了。一旦你沉淀下去了，也许你不用再为了前进而努力了，但是你却永远也见不到阳光了。所以我建议大家，不管你现在的生命是怎么样的，一定要有水的精神。像水一样不断地积蓄自己的力量，不断地冲破障碍。当你发现时机不到的时候，把自己的厚度给积累起来，当有一天时机来临的时候，你就能够奔腾入海，成就自己的生命。

第三节　坚　持

现实扫描

36 年坚守与被遗忘的国家任务(节选)

车洪才,中国传媒大学国际传播学院特聘教授,他编纂的《普什图语汉语词典》于 2015 年出版。36 年的时间,车洪才最终完成了这项国家任务。然而,除了编纂者,已经没有人还记得有这样一项国家任务了。

这项国家任务始于 1975 年的全国辞书会议;1978 年,受命的商务印书馆将它委托给了车洪才,然而 2012 年车洪才将他和张敏共同编纂的 200 多万字的《普什图语汉语词典》交付商务印书馆的时候,那里的工作人员都不知道曾经国家还有这样一项工作。

"回顾我几十年来走过的道路,我只是被裹挟在历史的潮流中,受我所处的大小环境形势变化所支配。"车洪才如此描述自己的人生轨迹。车洪才说,如今终生夙愿已完成。

(来源:《北京青年报》)

故事链接

他是第一位获得亚巡赛奖金王的中国球手,也是中国大陆唯一进入过世界排名前 100 的球员,他曾荣登《福布斯》"2009 中国名人榜",成为唯一进入榜单100强的高尔夫球员,他就是迄今为止中国乃至亚洲成就最高的男子高尔夫球手梁文冲。

能够取得如此辉煌的成就,其实只源于他对儿时心中一个梦想的坚持。20多年前,高尔夫球运动并没有普及,一部关于高尔夫球手的日本动漫燃起了一个少年对于这项运动的渴望。那时,他用木头和竹竿制作简易的球杆,模仿动画片里的动作,凭着一股最单纯真挚的热爱,执着地用最简易的装备,开始了他与高尔夫的故事。

1993年,梁文冲正式加入中山温泉高尔夫球会的高尔夫选手培训班,真正踏上了高尔夫的绿茵场。15岁的他,算是球场上的大龄学员,但这并不影响他对这项运动的热情。"早上去球场,练完球之后立刻回到学校上学,放学又去。"没有怀疑,没有犹豫,从第一次握起真正的高尔夫球杆开始,他只知道自己的心在这里,多少年都从未改变过。

少年时的梁文冲不会想到,懵懂的坚持,为他开启了改变人生的大门。尽管得到了亲朋好友的支持,但仍然有一些人对梁文冲的选择抱以怀疑态度。但是,固执的梁文冲始终坚持自己选择的道路,"我是认定了一件事就会一根筋做下去的那种人"。他坚信勤能补拙的道理,通常会花上别的孩子两倍,甚至是三倍的时间练球,从早上五点起床,一直练到晚上八九点回家。正是这份持之以恒的韧性,令梁文冲凭借优异的战绩,进入业余比赛,一举拿下了那一年中国青少年公开赛的冠军。

然而这条梦想之路并非一帆风顺,一年后,他曾想转职业,却因为经验不足,未能如愿。暂时的失败并未让他放弃,反而成为他再接再厉的动力,之后的三年,他连续在中国业余公开赛拔得头筹。1999年,在中国公开赛业余组的傲人成绩终于为梁文冲换来走上职业道路的入场券。自那时起,梁文冲开启了"心之所向"的道路上新一轮征程。

在高尔夫生涯中经历了20余年风雨的梁文冲,对那段奋斗的岁月记忆犹新。他曾在职业道路遇到瓶颈时,克服签证的阻碍和语言的障碍,一个人远赴日本参加日巡赛,扛着沉重的球包转车搭船一站一站地挥杆球场。他也曾在因腰部积劳成疾而影响发挥的时候,默默承受所有的压力,在每一天的训练之后,坚持跑步、按摩,度过低潮期。在这种常人难以想象的压力与工作强度下,梁文冲将每一份百味杂陈的经历,化作成长的经验,一步步往前走,一次次"通关"。

今天的他,已是中国的高尔夫"一哥"。今年38岁的梁文冲,正处于高尔夫运动员的黄金年龄,他的时代还将继续,"我想我会一直打,直到有一天老了不能再打了为止"。从15岁走到今天,他握起球杆的手从来没有放下过。"我相信天道酬勤,与其说是对成功的执着,不如说是因为执着才成功。"梁文冲的成功绝没有侥幸,没有坚定的信念和持之以恒的坚持,便不会有这样的收获。

(来源:网络)

观点碰撞

坚持不懈和适可而止

任何事情,只要是所缺少的但又需要的,主管部门想去做但又没有相应的团队去做的,都是市场机会。只是不同的人对相同的机会所采取的态度各异。有些人希望抓住并珍惜,而另一些人浅尝辄止,并倾向于放弃。

其实任何事情的犹豫都仅仅是一阵子的纠结。比如坐车赶时间去赴约,却遇到交通拥堵,总是有那么20分钟左右,是想打道回府的,但往回走的时候却发现,其实再坚持一下,或许就不会失去那样的机会了。面对一段感情也是如此,情绪失控之下,会倾向于结束一段经营已久的感情,但假如把情绪平复,就会让感情延续下去。

很多事情都失败于缺少再坚持一下的勇气与韧性。但其实谁都不知道需要再坚持多久,特别是在迷失航标的时候,坚持所需要付出的艰辛往往比平时更为困难。所以其实很多时候,放弃并不是因为遭遇的困难不能克服,而是心理因素在作祟。

任何时候都可以放弃,即使已经到了成功的门口,即使已经到了可以收获的边缘,都会戏剧性地放弃。但其实我们在很多时候,不清楚哪些需要坚持,哪些必须坚持,哪些可以放弃,哪些必须放弃。

放弃的时候,更多的原因在于外界的因素迷乱了我们的心性。因为外界崇尚金钱与地位,我们就只有乖乖地把自己所有东西拿去交换。

外界崇尚外部包装,我们就甘愿把原本作为本质的内容抽干,让自己的东西"空心化",而且总是去追求包装精美的大品牌,深信只要在高档地方办公,只要是请得起奢侈饭局的人,肯定也拥有更为值得信赖的专业度,这无疑是买椟还珠的现代翻版。

但是人生更应懂得的,是适可而止。人生确实应该坚持,坚持自己所热爱的东西不放弃,不抛弃。但是人生更应该适可而止,不撞南墙不回头,不是智慧而是固执,不是勇敢而是愚蠢。学会开车很容易,学会适时刹车却很难。

人生最遗憾的,莫过于轻易地放弃了不该放弃的,固执地坚持了不该坚持的……

需要坚持的,要不惜一切地去坚持并珍惜。需要放弃的,要断然放弃,不要给自己留下任何隐患和不舍。

（原文有删节,作者：贾春宝）

智慧心语

历史长河奔流滚滚,无数成功者的足迹闪耀于人类历史的星空,纵观他们的一生,往往有一个共同的特点,那就是坚韧不拔、永不放弃。孔子周游列国,屡遭拒绝,几度困厄,仍然不放弃,最终成为圣人,儒家思想传遍世界,影响几千年而不衰竭。贝多芬失聪之后,仍然坚持继续创作出《英雄交响曲》,勇敢地扼住命运的咽喉。

普通人寂寞无名,往往由于半途而废;伟人之所以成功,并不仅仅因为他们卓越的天赋和运气,更主要的是他们有一颗坚持到底的决心。

但是我们也要清醒地意识到,坚持并不意味着一切。正如前文所述,生活中,很多时候我们确实需要坚持,但是更多的紧要关头,也需要沉着与冷静,舍弃与放手的睿智,适可而止的明白,古人谓之"舍得"。有舍才有得,"舍""得"之间,彰显了为人处世的最高境界:人生需要勇往直前的勇气,需要宁死不屈的坚持。但是人生并不仅仅是轰轰烈烈的生死搏斗,在更多的琐碎平庸里,更需要一颗淡定睿智的心,知道什么时候要坚持到底,什么时候要勇敢放弃。能够看透这一点的人,才算是真正的智者。

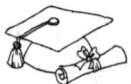

成长空间

身边故事

我们学校 2008 级有位叫钱盛的同学,她在 2011 年的高考中取得了全省文科第 27 名的好成绩,被北京大学录取。她的班主任蔡静丽老师和语文老师宋晓明老师在对她的叙述中提到这么几个让老师和同学都印象深刻的细节:一是高一分班刚结束(放暑假前),钱盛知道自己分在蔡老师的班里,就第一时间去咨询老师进文科班应该做什么准备;二是每次不管大考还是小考结束,第一个到任课老师面前请求做个别分析的人总是她;三是作为一名不在学校参加晚自修的通校生,她每天放学后依旧留在教室继续学习,掐在学校后门关闭的时间(17:30)再离开;四是高三一年中新增了很多答疑课,钱盛从来不在答疑课上去问问题,而是埋头自修,因为答疑课人多了往往要排队,她会积攒了问题另找时间问。

反思讨论

1. 每个人坚持做一件事情，都有自己的方式和方法。你认为钱盛学姐有什么样的特点？你有什么看法？

2. 你在学习和生活的过程中，有没有一件让你坚持在做的事情？如果有，又是什么在支持着你做下去？（填写在下方）

你的坚持：

背后的力量：

3. 如果没有，请选择一样你感兴趣的项目，比如慢跑半小时、读英语 15 分钟、负责一样家务等等，做一个简单记录并定期统计，测一测自己的坚持度，看看你能坚持多久。如果能坚持 21 天，你的某种好习惯就能养成了！

旁征博引

全部秘诀只有两句话：不屈不挠，坚持到底。 ——陀思妥耶夫斯基
人生恰恰像马拉松赛跑一样，只有坚持到最后的人，才能称为胜利者。
——池田大作
最可怕的敌人，就是没有坚强的信念。
——罗曼·罗兰

拓展延伸

推荐电影：《风雨哈佛路》

《风雨哈佛路》(*Homeless to Harvard：The Liz Murray Story*)是美国一部催人警醒的励志电影。影片由彼得·莱文(Peter Levin)执导,索拉·伯奇(Thora Birch)、迈克·里雷(Michael Riley)等主演。

丽斯(Liz)出生在美国的贫民窟里,从小就承受着家庭的千疮百孔,母亲酗酒吸毒,并且患了精神分裂症。15岁时,母亲死于艾滋病,父亲进入收容所。贫穷的丽斯需要出去乞讨,和一些朋友流浪在城市的角落,生活的苦难似乎无穷无尽。随着慢慢成长,丽斯知道,只有读书成才方能改变自身命运,走出泥潭般的现况。她用最真诚的态度感动了高中的校长,争取到了读书的机会。然后,丽斯在漫漫求学路上开始了征程。她一边打工一边上学,用两年时间学完了高中四年的课程。她尝试申请各类奖学金,只有纽约时报的全额奖学金才能让她念完大学,于是她努力并申请到了这份奖学金。影片的最后,她迈着自信的脚步走进了哈佛的教室。贫困并没有止住丽兹前进的决心,在她的人生中,坚持不懈,勇往直前的奋斗是永恒主题。

那些坚持自律的人,后来都怎么样了

你见过身处现代社会,却过得如同苦行僧一般的人吗?

这个问题让我想起最喜欢的演员彭于晏。一双迷人的桃花电眼,六块健硕的巧克力腹肌,再加上大长腿,高颜值。可是彭于晏小时候也是食欲旺盛的小胖墩,小学时身高158 cm,体重曾重达70 kg。彭于晏通过微博晒出旧照的时候,大批粉丝直呼"认不出"。

2010年,他的事业跌入谷底,为了接到更好的剧本,他连续八个月魔鬼

式训练，不断挑战自己的体能极限，最终练出完美标准的模特体型，凭借一部《翻滚吧！阿信》入围台湾电影金马奖最佳男主角，事业逐渐走上巅峰。

他也坦言自己是易胖体质，为了维持最佳的镜头感，不论多忙，每天也要抽出时间健身数小时，食欲更是严格控制，有十多年不曾吃饱过，也几乎忘记了糖是什么滋味。

有人嘲笑这样的生活方式不值，他们说：人生在世，吃喝二字。又鼓吹：今朝有酒今朝醉，明日愁来明日愁。或者手捂胸口闭眼嘶吼：原谅我这一生放荡不羁爱自由……可是，您有诗人罗隐的才情吗？或者，您有黄家驹在音乐领域的造诣吗？什么都没有？那我就不明白了。放任自己随波逐流没人责怪您，但是跳出来嘲讽那些努力上进又坚持自律的人，就真的和跳梁小丑没什么区别了。

同是好莱坞超级巨星，看看 1974 年出生的小李子莱昂纳多，再看看 1968 年的威尔·史密斯。小李子比史密斯小了将近 6 岁，可是看起来却像是两代人。

年轻时的小李子英伦贵族气十足，可是人到中年，却生生把个帅气王子自残成大腹便便的落魄大叔。反观史密斯，数十年如一日坚持有氧慢跑和力量训练，年近五十依然保持着无懈可击的健硕身形，可以轻松驾驭许多或文艺或硬汉的角色。许多由他出演的影片，都创下了奇迹般的票房纪录，他也被中国粉丝誉为"史皇"。

萧伯纳说过："自我控制是最强者的本能。"我相信，那些不放任，不沉沦，拥有坚持自我主宰能力的人们，终有一天，会在自己所在的领域里做出非凡成就。

是的，所有那些让人变得更好的选择，执行起来都不会太容易。很多人羡慕别人的精彩和成功，但了解到别人背后那种近乎残酷的自我管理和坚持时又会打退堂鼓。这也就是为什么这个世界上，平凡普通的人占了大多数。

　　如果你不能接受自己的平庸，那么请从坚持自律开始，自我改变。极致自律的体验一开始可能是痛苦，可是，再痛也痛不过辜负自己的心痛，再苦也苦不过失去希望的煎熬。制定计划，然后坚定不移地，执行起来！

　　欲望人人都有，只有坚持自我约束者，才能得到更好的释放。相信你坚持自律，相信你所做出的每一分努力，时光都会在未来的日子里以另一种美好的形式馈赠给你。

　　距离成功越近，同行的人越少。因为，能够坚持下去的人并不多！

（作者：苏希西）

第 二 章

人 格

一个人成功的途径和方式有很多种，但我们不难发现，他们都属于这样一类人——大气的人，因为他们都具有相同的人格魅力，并常把这种人格的特征极力地表现出来，大气的人能表现出胸有成竹的气量，能自信豁达地面对困难；大气的人可展现出从容坦荡的气势，能沉着坚韧地应对压力；大气的人会显现出宁静和谐的气度，能积极乐观地热爱生活。正是大气的人格让他们在人生的路上走得如清风般挥洒、大地般稳健；正是大气的人格让他们在待人接物中有着大山的浑厚、大海的渊博，在人群里，或在社会中，留下美名。

第一节　自信豁达

现实扫描

孙正义,一个成就了无数人互联网梦想的人。阿里巴巴、当当网上书店、新浪、网易、上海盛大、携程旅游网……国内众多著名 IT 企业都留下了孙正义的身影并打下了其软银公司的烙印。

这个"渴望成功的梦想"就是在他 19 岁时制订的"50 年计划",也就是他的创业清单:

在 20 多岁时,要向所投身的行业宣布自己的存在。

在 30 多岁时,要有足够的种子资金做一个大的项目,而且这个种子资金的规模应该是 1 亿美元以上。

在 40 岁时,至少要有 1000 亿日元的资产,选好一个非常重要的行业,然后全力以赴在这个行业里做成第一名。

在 50 岁时,做出一番惊天动地的伟业。

在 60 岁时,获得标志性的事业成功。

在 70 岁时,把事业交给接班人。

1981 年,24 岁的孙正义成立了日本软银公司。不到 10 年,软银公司成了日本最大的计算机软件流通公司。其间,孙正义开拓了除流通之外的第二块业务——出版业。这两块业务构成了软银公司第一个发展阶段(1981—1989 年)最重要的利润来源。

从 1990 年开始,孙正义将目光瞄向了全世界。这一年,软银与美国诺贝尔公司(Nobell)共同成立一家合资公司——日本诺贝尔股份有限公司。诺贝尔公司不仅开发出有网络 OS 实质标准之称的"NetWare",且以倡导小型电脑闻名于世。与诺贝尔公司携手,对软银公司来说是一个重要的转折点。软银公司进入发展的第二个阶段,走入商务软件市场,开始登上世界舞台。

但是,孙正义对未来的规划蓝图并不止步于此。根据他的"50 年计划",1994 年,软银公司在东京股市上市,使得孙正义有了可以投资一个大项目的雄厚资金。1995 年,以孙正义投资美国雅虎公司为开端,找到了软银公司未来事业的业务方向——互联网。

截至 2010 年 8 月,软银投资了 800 多家互联网公司,其间孙正义也遭遇过诸如同行排挤、互联网经济泡沫破灭、投资宽带亏本等种种挫折,但是孙正义和他的软银事业还在人们的视线中,不仅如此,他所构建的商业帝国轮廓清晰,业务网络遍布全世界,无论风云如何变幻,都不能使他动摇分毫。

孙正义经典语录一:一旦下决心成为第一,便积极朝着这个目标努力迈进,这是我个人的工作信条。企业首脑要发挥领导力,创业必须具备的重要素质有三个,就是志向、想象力和战略。

孙正义经典语录二:对于其他人来说,创业投资互联网可能是赌博,可是对于我来说,并不是赌博,它是一种信念,我不光把一条腿站进去了,而是把两条腿都站进去了。

(来源:网络)

故事链接

尼克松选举败于缺乏自信

尼克松是我们极为熟悉的美国总统,但就是这样一个大人物,却因为缺乏自信而毁掉了自己的政治前程。

1972年,尼克松竞选连任。由于他在第一任期内政绩斐然,所以大多数政治评论家都预测尼克松将以绝对优势获得胜利,然而,尼克松本人却很不自信,他走不出过去几次失败的心理阴影,极度担心再次出现失败。在这种潜意识的驱使下,他鬼使神差地干出了令他后悔终生的蠢事,他指派手下的人潜入竞选对手总部的水门饭店,在对手的办公室里安装了窃听器。事发之后,他又连连阻止调查,推卸责任,在选举胜利后不久便被迫辞职,本来稳操胜券的尼克松,因缺乏自信而导致惨败。

小泽征尔指挥胜于富有自信

小泽征尔是世界著名的交响乐指挥家,在一次世界优秀指挥家大赛的决赛中,他按照评委会给的乐谱指挥演奏,敏锐地发现了不和谐的声音,起初,他以为是乐队演奏出了错误,就停下来重新演奏,但还是不对,他觉得是乐谱有问题。这时,在场的作曲家和评委会的权威人士坚持说乐谱绝对没有问题,是他错了。面对一大批音乐大师和权威人士,他思考再三,最后斩钉截铁地大声说:"不!一定是乐谱错了!"话音刚落,评委席上的评委们立即站起来,报以热烈的掌声,祝贺他大赛夺魁。

原来,这是评委们精心设计的"圈套",以此来检验指挥家在发现乐谱错误并遭到权威人士否定的情况下,能否坚持自己的正确主张。前两位参加决赛的指挥家虽然也发现了错误,但终因随声附和权威们的意见而被淘汰。小泽征尔却因充满自信而摘取了世界优秀指挥家大赛的桂冠。

观点碰撞

过分自信好不好

●自信应该是一种心态,你自己相信自己有能力就是了,没有必要就不要表现出来。一个人很自信,不管他到底有没有资本,在大家面前炫耀,大家都会有很"畏"他的感觉,因为人是一种奇怪的动物,我们更喜欢跟弱者在一起,因为他们使我们有安全感,如果你想自信而又想大家喜欢你的话就应该知道这一点;至于"过于自信"就更不要说了,芙蓉姐姐就是活生生血淋淋的例子!

●自大和自我,是优点也是缺点,看你怎么控制。

●人最重要的是有自信。过分的自信就是目中无人,自大。我觉得自大跟自我也不一样呀。自我应该是有主见,以自己为中心;有时候也可以说成是果断,主要是有个分寸,要合理地估计自己的能力,这样才能更好地与人相处和做事。

●自信固然是好的,可是过分自信当然就是物极必反的道理啦!

●一个人应该有自信,没有了自信做事情就会一塌糊涂。而又不能过分自信,过分的自信就是自傲了,是一种不健康的心理。一直这样下去,如果真的是有能力还可以,如果没能力,要求的事情就会达不到标准,是很残酷的。

●自信是好的,一个人有自信,做事情才会精力充沛,才会努力把事情做好。然而过分的自信有些时候会对自己产生错误的看法,高估自己的能力,这样,一旦失败就会备受打击,甚至怀疑自己的能力。自信是十分重要的,但要注意,不能过分自信。

●过分的自信就是自恋,觉得自己还不错,或者挺好,其实也没什么坏处,就是太自恋了。时间长了,也许会有些骄傲,所以该克制的时候,还是要克制一点的。

●过分,就是超过本分或一定的限度。任何事都应有个度,过度了就不好。水满则溢。

（来源：网络）

 智慧心语

自信是生命的基石、人生的根本。拥有自信,你才能像黑色的海燕一样,在暴风雨来临时无所畏惧勇敢搏击,你才能在人生的征途上昂扬奋进,拼搏进取,创造辉煌。

相反,如果一个人没有自信,那么他即使行也可能不行。雅典奥运会上,中国男子双人跳水中的一名选手由于缺乏自信,压力太大,在最后的关键一跳中出现致命失误,将本来唾手可得的金牌拱手让人,留下了深深的遗憾。

由此可知,自信对一个人确实很重要。相信自己,力量在心中。只有自己肯定自己,相信自己,才能让别人不敢轻视你,你才能登上生命的最高峰,俯视群峰,体会"会当凌绝顶,一览众山小"的感觉。自信的力量足以令柔弱的小草冲破土地的封锁,展现勃勃生机;足以令轻盈的水珠穿透坚硬厚大的巨石,展现顽强的力量;足以令崖间的苍松傲视风雪,展现坚韧的生命。

可以说,拥有自信意味着成功了一半。然而遗憾的是,缺乏自信的人仍随处可见。人们之所以缺乏自信,有的甚至自卑,原因很多,但有一点可以肯定:这完全是后天形成的,与先天无关。因此,可以这么说,是人们自己把自己搞得没了自信,从而影响了自己的成功与前途。还是那句话:最大的敌人是你自己。

每一个人都应拥有自信,拥有充分自信心的人往往不屈不挠、奋发向上,因而比一般人更易获得各方面的成功。用自信把自己武装起来,去战胜生命中的每一次挑战与挫折。

成长空间

优点大轰炸

以小组为单位,互相说说对方的优点。将别人认为自己拥有的优点记录下来,重新审视自己。

身边故事

第一次月考成绩出来了,小峻有些沮丧,因为成绩并不是很理想,他从容地看了眼成绩单,对自己说,高三刚刚开始,不要紧,慢慢会赶超上去的。转眼,10 月份的月考又来临了,成绩公布,小俊的成绩依然不是很理想,他对自己说"还有大半年,还早呢"。很快,11 月,12 月……当连续 n 次考试失败后,小峻对自己越来越没有信心,他开始对自己产生怀疑……

反思讨论

1. 小峻在高三碰到了什么困难?对他有什么影响?

2. 面对多次的失败,你认为小峻如何才能重拾信心?

3. 你在遇到困难、失败和挫折时,是如何保持自信的?(填写在下方)

为自信打个分(满分 10 分):

保持自信的方法:

旁征博引

有信心的人,可以化渺小为伟大,化平庸为神奇。　　　　——萧伯纳

自信者不疑人,人亦信之。自疑者不信人,人亦疑之。　　——《史典》

坚决的信心,能使平凡的人们做出惊人的事业。　　　　——马尔顿

拓展延伸

玩了 7 年航海模型,中学生玩成世界冠军

"世界冠军来啦!"2010 年 9 月 29 日,杭州第十四中学高一学生莫衍在同学艳羡的目光中到校——在刚落幕的第十六届世界航海模型(动力艇)锦标赛上,他获得了两个项目的冠军,并打破世界纪录。

破纪录的过程一波三折,回想起比赛前在德国穆尔哈特集训的日子,莫衍还是相当感慨,因为在那次集训中,他失去了陪伴他参加过无数比赛的"老战友"——一艘白色动力艇。当时离比赛只剩十几天了,这么短的时间内,莫衍不得不适应另一艘船。于是,他一边托人打捞,一边开始适应新船。打捞了 5 天,莫衍的动力艇始终没有出现。9 月 1 日,他在自己的日记中写道:"今天是捞船的最后一天了,还是没能捞上来,绝望了。不过还好,我还有我的大白船,这几天适应得差不多了。"

也许是好事多磨,经此打击,这个 16 岁的小伙子反而振作了精神。他得意地告诉记者:"这次比赛中,我的手感很好,感觉是人船合一。总以为第一次登上国际赛场难免会紧张,没想到自己的情绪稳定得很快。"

据了解,在航海模型(动力艇)锦标赛中,比赛有 3 轮,每一轮有 5 个航次,以最好成绩的航次为准。而莫衍在首个参赛项目中,第一轮就两次打破

世界纪录。

玩了 7 年航海模型的莫衍,就这样站上了世界冠军的领奖台。"生平第一次参加比赛时,我也哭过鼻子。"莫衍有些不好意思地说,"那年我 9 岁,第一轮由于自己的机器出现故障,成绩排在倒数第二,我哭着回到宾馆。不过最终,我凭借自信,还是拼到了杭州市第二名。"

这个 16 岁的世界冠军一直在证明:坚持就是胜利。

（来源:《钱江晚报》）

第二节 应对压力

现实扫描

中国官员心理压力报告:新生代公务员问题突出

青年干部心理健康指数随着年龄的增长而不断提高,38岁正在成为官员心理健康状况的分界点。

三十而立的干部们面临着最大的人际交往困局,中央国家机关职工心理健康咨询中心的一项调查显示:青年官员在适应能力和认知能力方面有明显优势,但在人际交往与情绪体验中则存在较大的问题。

与此同时,参与《小康》杂志社"官员心理压力调查"的官员们几乎都认为,"工作责任心太强,追求完美"是自己活得太累并产生压力的首要原因,"工作负荷重"则被排到了第二位。

公认压力较大的官员群体普遍拥有的几大压力源为:工作压力、生活压力、组织压力和社会压力。

上万名中央国家机关的干部参加了由中央国家机关职工心理健康咨询中心举办的"名家谈心理"讲座,这一讲座几乎场场爆满,显示了这一特殊群体对心理解压的迫切需要。据中央国家机关职工心理健康咨询中心的不完全统计,在参与心理健康调查的青年干部职工中,有八成的受测人心理健康状况良好以上,但是也有近两成的人值得关注,他们的健康水平低于全国常模水平。测试结果显示,尽管大部分人情绪体验和自我认识表现稍好,但也有五分之一以上的人比一般人更苦恼不安,情绪调节能力不足以应对他们面临的压力。

(来源:新浪新闻中心)

故事链接

适度压力有利生存

一位动物学家对生活在非洲大草原奥兰治河两岸的羚羊群进行研究,他发现东岸羚羊群的繁殖能力比西岸的强,奔跑速度也不一样,每分钟要比西岸的快 13 米。何以会存在这些差别?这位动物学家曾百思不得其解,因为这些羚羊的生存环境和属类都是相同的,饲料来源也一样,全以一种叫莺萝的牧草为主。又一年,他在动物保护协会的协助下,在东西两岸各捉了 10 只羚羊,把它们送往对岸。结果,运到西岸的 10 只一年后繁殖到 14 只,运到东岸的 10 只剩下 3 只,那 7 只全被狼吃了。这位动物学家终于明白了,东岸的羚羊之所以强健,是因为在它们附近生活着一个狼群,西岸的羚羊之所以弱小,正是因为缺少这么一群天敌。没有天敌的动物往往最先灭绝;有天敌的动物则会逐步繁衍壮大。

观点碰撞

学习有压力好不好? 为什么

●好啊!没压力就没动力,你干吗要好好学啊!

●应该用辩证的思想看问题。学习有压力既有好处也有坏处,好处是可以化压力为动力,坏处是会使一个人垮掉。

●一半一半吧。不是有考试压力,我也不可能好好学习。可压力太大,人会变得很奇怪,说不定会不正常的。

●压力会让人的心情低落,时好时坏,影响正常生活,也让学习成绩逐渐低落,给人造成的不便太多。所以压力大部分都是不好的。如果有更多的鼓励的话,怎么也比压力来得好。

●既好又不好:好在有压力就有动力,这样就能够更好地学习;不好在压力太大会使自己有一种压迫感,会影响正常的学习和生活。

●优点:使人有竞争意识,不会因没有压力而无目标,无方向。

●压力太大难保不进精神病院,我就快了。

●不好。我学习就没有压力。学习一直很好的。

●我认为压力不能没有,也不能过分。

●好与不好,关键看压力的程度!

(来源:网络)

 智慧心语

对于我们每个人来说,压力随时都有,无处不在,它可能来自生活,可能来自学习,可能来自工作。当人们感受到压力那种强烈的刺激,并且产生高度恐惧的强烈情绪时,就会让大脑处于抑制状态,失去理智。在压力下,人会心烦意乱,做事就不能够专心,烦躁不安,脑子很乱,就会影响效率。如此一来压力就成了阻力。

但压力有时却也可能成为动力,在成长的过程中时常经历挫折的人,经过多年的磨炼,往往会具备一种在逆境中生存的强大能力。无论出现怎样的困难,他们都不会像茅草屋遇到暴风雨那样容易被摧垮,在灾难像飓风一样袭来时,也能够巍然屹立、毫不动摇。

人的一生,会经历很多风雨,人生在世,谁都会遇到挫折。压力使我们痛苦,但同时又是一种挑战和考验,激励我们成长,这是生活的辩证法。所以,问题的关键不在于压力的有无和强弱,而在于我们对待压力的态度。我

们真正要学会的是接受压力、调节压力，不让压力把自己压垮。就像我们既不能低血压，也不能高血压那样。每个人应对压力的方法都不一样，该来的那是迟早的事，逃避是解决不了问题的，还不如摆正心态去面对。压力或者会让你愤怒、沮丧、抑郁、焦虑、委屈、无奈，或者是你人生中永远的伤痛；但它也可以是你完美人生的点缀，或是你成功的垫脚石，只有经受过压力和挫折的人，才能够勇敢地迎接挑战。

对于我们学生来说，消极面对学习上的压力并不会让这种压力有任何的减弱，相反会使之进一步加重。为什么不尝试着用积极的心态去面对它呢，把它看作我们求学的必经之路，用正确的方法去应对，争取击败它，或是将它转化为激励我们的动力，总有一天，当我们回头看看自己走过的路，会发现，原来这份压力也是学习路上一种必不可少的风景，这份击败压力的经历也是我们留给自己的一笔宝贵财富。

蝴蝶若没有经过破茧前的痛苦挣扎，就只能面对出壳后臃肿的身躯和干瘪的翼片，而没有轻盈的躯干和飞翔的翅膀。痛苦是成长的必经之路，要得到欢乐，就必须能够承受痛苦和挫折。在人的一生中，我们不只拥有挫折的痛苦体验，也拥有把不幸变为幸福，把伤痛变为无价奇珍，把令人痛心的缺陷变成新的力量的机遇。当我们从容面对，就可以掌控挫折；当我们有足够的勇气并保持快乐，就可以得到最珍贵的收获。只要你学会换个角度看问题，其实我们每个人都可以拥有多彩而丰茂的人生，用成功为自己打气，在挫折中寻找宝藏，享受人生道路上的每一寸时光。

🎓 成长空间

压力自测

对下列各题做出"是"或"否"的回答。

1.因为发生了某些没有预料的事，你感到心烦。

2.你感觉到你不能控制你生活中的重要事情。

3.你常常感到紧张和压力。

4.你常常不能成功地应付生活中有威胁性的争吵。

5.你觉得不能成功地应付生活中所发生的重要变化。

6.你对把握你的个人问题没有信心。

7.你感到事情不是按你的意愿发展。

8.你发现你不能应付你必须去做的所有事情。

9.你不能控制生活中的一切烦恼。

10.你觉得你所有方面都是失败的。

11.因为事情都是发生在你能控制的范围之外,你会因此而烦恼。

12.你发现你自己常在考虑自己必须完成的那些事情。

13.你不能控制消磨时间的方式。

14.你感觉积累的大量困难不能克服。

15.朋友同学的生日,免不了花钱,你往往不想在这类场合出现以免花钱。

16.若你刚买了一天的鞋穿了一天就裂口了,你会气愤、痛苦地抱怨。

17.你由于某件小事跟好朋友生气,大家互不相让,结果你会一个人生闷气,想忘掉这件事,可就是忘不掉。

18.当父母因为学习责备你而使你感到压力很大时,你不会和他们争吵,而是一个人压抑情感。

19.你的一个非常要好的朋友,因某些原因转学了,你很难过,不想面对现实。

评分规则:"是"为1分,"否"为0分。各题得分相加,统计总分。

0—6分:你能够应付生活中的许多事情,但有时也会有些烦恼,这是正常的。

7—14分：你有轻度的心理压力，虽然常会体验到不必要的烦恼，但你基本能处理生活中的问题，保持轻松愉快的心境。

14—20分：你已经在承受巨大的心理压力，可能导致你紧张不安，影响到你的学习生活、身心健康。你应学会调节自己的心情，尽快改变这种情况。

身边故事

小红是高二的一名女生，刚考完数学，其他同学都去食堂吃饭了，小红却依然留在座位上继续做着刚才的卷子，做着做着就趴在课桌上哭起来。这时徐老师刚好路过教室，他走进教室，拍拍小红的肩膀问："怎么了，小红遇到什么解不开的结了？"她低着头："老师，我数学题做不来，真的不行，在高一时我数学就不太好，现在高二数学就更难了，每周一次的数学考试，我的成绩一次比一次差。"说着她又哭起来，"我已经很努力地学了，就是学不会。我真的很怕每次的数学考试……"

反思讨论

1.你怎么看待小红遇到的问题？

2.你觉得怎样才能让小红正确面对考试的压力？

3.你在学习生活中压力大吗？你是如何应对的？（填写在下方）

> 压力有几分（最大10分）：
>
> 抗压的能力有几分（最好为10分）：
>
> 对抗压力的方法：

旁征博引

人们最出色的工作往往在处于逆境的情况下做出。思想上的压力,甚至肉体上的痛苦都可能成为精神上的兴奋剂。 ——贝弗里奇

人生的意志,不能受社会的压力而软弱,也不能受自然的压力而萎缩,应当天天站得笔直的、轩昂的,但不是骄傲的。这就是我的人生。

——彭相山

科学尊重事实,服从真理,而不会屈服于任何压力。 ——童第周

拓展延伸

面对高考的压力调节

高考是人生的一个转折点,平和的心态能帮助考生顺利地跨过这个坎,实现人生的梦想。面对高考怎样树立良好的心态? 和大家分享考生翼(化名)的故事。

5月6日　星期四

今天对我来说是一个"黑色星期五",第三次模拟考试的成绩知道了,很不理想。最糟的是数学,只得了87分,比想象的还要差。今天心情特别不好,连我的好朋友也被我无缘无故地臭骂了一顿。为什么会考成这样? 真郁闷。一个月不到就要高考了,到时还这样的话,那我就完了。难道我的数学不行了?

点评:埋头复习,昂首冲刺的高三学生,面对一些挫折,往往来不及细想就会自然而然地冒出一些负面的想法,这些想法自认为是合理的和正确的,但事实上却有一些不合理的成分。正是这些不合理成分引发了人们的不良

情绪,像"高考还这样的话,我就死定了"的想法中,不合理的成分就是因为挫折感的强烈冲击而忽略了自己的实力,因此使得自己懊恼和焦虑不安。

5月10日　星期一

真郁闷。时间花得够多的,怎么就上不去呢,真急人。以前也有同学在教室里讨论问题,我不会感到被影响,可现在总觉得他们在干扰我的学习。特别是讨论数学题,我就会情不自禁地停下笔,听他们到底在讨论什么题目,如果是自己没做过的题目,就会急起来。

点评:不难看出,翼的焦虑明显地严重起来了。经历了一次失败以后,他出现了认知的改变,忽略了自己的能力与积极因素,盲目地把同学的优点与自己的弱项进行比较。

5月11日　星期二

今天去见了心理咨询老师,和他谈了之后我的心情好了许多。老师说我有自然而然冒出的不合理想法,才出现情绪上的焦虑问题。"面对一个事件,先有想法后出现情绪。"这我以前没有注意到呢。今天仔细想了想,模拟考试中数学考得不好,也不是我的实力差到那种程度,有些担心确实是多余的。刚才我又把数学试卷看了一遍,其实那些失分的题目我都会做,主要是答题方式出了些问题,而这些问题我也应该能够自己解决。

点评:人们在重大的压力之下,很容易用消极的态度去看问题。对同样的一份答卷,用消极的态度去看,就会影响自信心,认为自己不行了;用积极的态度去看,则能吸取教训。由此可见,复习考试阶段的积极心态是多么重要。

5月13日　星期四

看来改变消极想法确实有点作用,以前怀疑自己的能力不行,其实不然。在这段日子里我逐渐找到了感觉,练了几份数学模拟卷,得分都超过 130 分,自己的能力本来就不错哦。

点评:改变消极的想法,需要一些证据,更需要得到实践的检验,这位同学正是找到了自己以前是有能力的、做题的反应不比同学慢、上次失误的真实原因是应试策略不得法这样一些证据,并得到了实践的验证,此后的练习得分都超过 130,所以他逐渐重拾自信。

5 月 16 日　星期天

高考越来越近了,今天我给自己一天的自由活动时间。啊,高考后,我就可以完全放松了。这几天,我又做了几份模拟卷,感觉与状态都很好。和往常一样,今晚还是 10 点半睡,只要我保持稳定的心态,到时候正常发挥不成问题。

点评:高考前夕,作息安排要合理,翼通过自由活动自我放松,并通过做试卷,在相应的时间里练手,以保持良好的状态,同时经常给自己积极的心理暗示,保持自信,这对他保持心理稳定很有帮助。同时,还要提醒考生,越是临近高考,生活越要有规律,像翼一样,坚持不打乱作息时间,让生物钟正常运行,只有生理、心理都处在良好状态,才能在最后的实战中发挥自己的最佳水平。

(来源:网络)

第三节　热爱生活

现实扫描

7岁女孩"触动心灵的笑容"感动网友

2011年4月21日,在新浪微博上,这张照片被转疯了:一个拿着铁勺打算舀粥喝的小女孩,对着镜头笑得灿烂。这个孩子的故事,也被疯转着:她今年7岁,和爷爷一起住在杭州下沙文溯路的一个公共厕所里,每天自己坐1小时的公交车去民工子弟学校上学。那被网友称为"触动心灵的笑容",起因是这天她和爷爷煮粥喝,"不用吃泡面了"。

这张照片是博友@啊蕾蕾蕾蕾蕾亲手拍的。在她的指点下,记者来到文溯路,找到了那家公共厕所。厕所正门口,一位穿着蓝色工人制服的大伯双膝跪地,右手拿着扳手使劲地敲打着一辆自行车的轮胎,满手都是油污。大伯名叫谭荣运,江苏徐州人,今年58岁,是小女孩的爷爷。大伯和小女孩居住在男女卫生间之间的小屋里。屋子只有3平方米,一张上下铺的铁床占据了大部分空间,一张破旧的学生桌,桌上摆放着一台14英寸的二手电视机,椅子平时用来当吃饭的餐桌。

小女孩个头不高,眼睛明亮,短发,外套大红色,有蝴蝶结装饰,但中间的纽扣掉了两颗,口袋上的纽扣也已摇摇欲坠。大伯告诉记者,孙女叫小雯,今年7岁,刚刚读小学二年级。小雯在九堡的一家民工小学读书,车子要坐十站路,一趟就要花上一个小时。下车后,还要走十分钟的路,要过马路。

　　大伯一个月工资 1500 元,小雯一个学期要 1560 元的学费,加上每月 100 元的伙食费,爷孙俩还是能凑合过的。"每天我们就吃些馒头、煎饼、萝卜丝和饭,开销不大的。所以我这点工资养活她是够的。不过孩子太小,父母都在苏州打工,很少来看她,她一个人有点孤独。"住在厕所里,省了一笔房租,大伯和小雯都很知足。

　　这个在城市孩子眼里正在贫困中沉浮的家庭,还有这个无论何时都盛放如花般笑容的小女孩,感动了大学生姚云洁(@阿蕾蕾蕾蕾蕾)。姚云洁把顺手拍下的女孩照片传上 19 楼,又传上微博。立刻,这张笑脸红遍网络。

　　　　　　　　　　　　　　　　　　(文章有删改,来源:《青年时报》)

故事链接

"板凳妈妈"许月华

　　许月华从小失去双亲、失去双腿,用板凳当腿走出一条特殊的人生之路:作为湖南湘潭市福利院的编外护育员,她 37 年如一日,用博大的爱滋润了 130 个孤残儿童的心。她并没有超凡的才能,靠两条板凳走路,却为孤残儿童撑起了一片爱的天空。她的举动真真切切感动了中国、感染了世界、感动了网络。

　　　　　　　　　(来源:新华网"中国网事·感动 2010 年度网络人物评选")

环航世界的翟墨

　　30 岁之前,翟墨对航海一无所知,他一直是文化圈里小有名气的画家,在北京宋庄的小画室里,他默默地描绘着心中的理想。2000 年,他在新西兰举办画展时,无意中见发现了一艘无动力帆船。对于酷爱异国文化的翟墨来说,能够驾驶这样一艘船环游世界就成了梦想。翟墨迫不及待地向外国航海界的一些专家问这问那,招来的却是一个个白眼。翟墨说:"人家意思很明显,中国专业航海的都不一定能做到,何况你这个新人。"我当时就想,你不要瞧不起人,我就做给你看看。

翟墨卖掉了自己珍爱的作品,从朋友手里买来了一艘二手帆船开始训练。手掌船舵绝不像手握画笔那么容易,在茫茫大海中,他第一次体会到恐惧。但翟墨说:能在极端恶劣的天气下生存下来,这就是一种美。

艰苦的海上训练中,翟墨逐渐掌握了远航技巧,他试着完成了在中国海域环行的计划。在筹备环球航海的五年里,他始终没有忘记外国航海家对他不断摇头的表情,环航世界的信念在翟墨心里一天比一天坚定。

2007年1月6日至2009年8月16日,翟墨从中国日照起航,经过两年半的时间,沿黄海、东海、南海出境,过雅加达,经塞舌尔、南非好望角、巴拿马,穿越莫桑比克海峡、加勒比海等海域,横跨印度洋、南大西洋、太平洋,经过了亚洲、非洲、南美洲、北美洲的15个国家、地区和岛屿,航行二万八千三百海里,完成了中国首次无动力帆船环球航海。

(文章有删改,来源:新浪网)

观点碰撞

怎样才是热爱生活

●做自己想做的事。有追求,对未来充满信心。珍惜现在和珍惜眼前人。自己觉得活得快乐充实。

●每天一觉醒来就明确知道自己想要做什么可以去做什么,学习工作有激情。多出去旅游什么的,看看祖国的大好河山,多接触不同的人群。

●其实你比一般人更能知道生活的内涵,因为你已经感到非常厌倦,厌倦的原因是每天都在做重复的事,生活再也没有什么新鲜事,一切显得毫无意义,只是行尸走肉般地活着,其实你已道出大部分人的生活状态。如何才能热爱生活,生活就是跟自己的生命接轨,除非你能跟自己相处,了解自己,信任自己,然后你才能去热爱生活。生命与生活是息息相关的。让自己活在此时此刻,去感受真实的生命,吃饭时就吃饭,睡觉时就睡觉,安然与自己相处,全然地享受每一个时刻,而不是活在头脑虚构的幻想中。

●热爱生活不是要怎么样去做,而是发自内心地去喜欢自己的生活,有动力,有明确的目的,自己觉得每一天都过得很充实。给自己找点自己喜欢做的事情吧,不要去管别人的眼光,只在乎自己的心,每一天都为自己而活,你就会发现生活并没有那么枯燥,你才能真正热爱生活。

●不管你的生活如何卑微,你都得面对与度过,不要逃避,更不要诅咒。当你贫苦不堪时,生活也许并不那样糟糕;而你富甲天下时,生活也可能显得贫瘠乏味。就是在天堂,挑剔的人也总能挑出缺点。虽然贫穷,你也该热爱生活,因为就是在贫济院,你也有自己快乐、幸福与光荣的岁月。

●从小处着手,爱护家人,帮助邻居朋友,爱护花草树木及遵守规则都是热爱生活的表现。

(来源:网络)

智慧心语

在人生的旅途中,我们都读过很多让我们感动和令我们深省的小故事,这些小故事中蕴含的哲理和智慧,曾经给我们的人生以启迪,曾经给我们的心灵以慰藉或震撼,曾经让我们感动。在每个人的一生中,都需要领悟一些道理,以便使自己变得更加睿智;都需要接受一些感动,以便使生命充满激情！读这些故事，我们都会深深地被他们那种不向命运屈服、热爱生命的精神所感动。

要想使自己的人生变得有价值，就必须经受住磨难的考验；要想使自己活得快乐，就必须接受和肯定自己。其实，在这个世界上，每个人都有着不同的缺陷或不如意的事情，并非只有你是不幸的，关键是如何看待和对待不幸。无须抱怨命运的不济，不要只看自己没有的，而要多看看自己所拥有的，这样我们就会感到：其实我们很富有。

生活是一个旅程，如果能够趁兴而行，不管路途多么遥远，都是幸福而饶有风味的。生命是短暂的、无常的，没有一个人敢保证自己能够活到明天，所以每个人都应该学会珍惜，学会充分利用生命的价值。追寻我们的梦想，去我们想去的地方，做一个我们想做的人，因为生命只有一次，亦只有一次机会去做我们所想做的事。我们需要知道的是，快乐来源于生活，悲伤也来源于生活，喜怒哀乐、酸甜苦辣都来源于生活，因为生活涵盖了所有的一切。对生活产生一种焕然一新的态度，也就是对生活的投入和执着。努力对自己说："热爱生活吧，没错的！就算哭泣和悲伤，也会心甘情愿，乐在其中的！"

有时候觉得生活中总是走得很累，迈步之前需要选择道路，每走一步，都需要调整步伐，追赶前列。走累了歇歇的工夫里，忍不住回首看看路上的那一串串自己的脚印，与他人一比，或许弯得人心颤，浅得人心酸，或许会迷惘，或许会生出丝丝的愁闷。但只要用真心演绎生活，尽全力走好每一步，用心呵护，那道路就是美的极致，每朵花都有其独特的色彩，每颗星都有其璀璨的光芒，每缕清风都会送来凉爽，每滴甘露都会滋润原野，都会留下不朽的诗篇。

最后，同学们，让我们永远不要忘记，在我们生活中，有很多美好，有很多正义，有很多爱。无论是生活中父母老师对你的关心，还是同学间开怀大笑的话题，都值得你去释放对生活的热情，对生命的尊重！

成长空间

收集身边感动你的例子,以《热爱生活》为题写一篇记叙文。

旁征博引

懂得生命真谛的人,可以使短促的生命延长。 ——西塞罗

一个人,如果过分地追求吃喝玩乐,整日沉湎于个人主义的小天地,那么他所追求的东西就难免有一天会成为沉重的负担,使自己深陷泥潭而不能自拔。 ——吴运铎

拓展延伸

热爱生活

大自然是一张幸福的网

我跳跃在这张幸福编织的网上

活跃着人生快乐的元素

没有压力,没有背负累赘

没有苦恼,没有精神郁悒

这是生活本身的给予

生活原本就是好的

因此

我不想听牢骚者的抱怨

抱怨只会让自己跌倒

我不想见失败者的容颜

哭泣是一个弱者的表现

我想

既然人生选择了长途跋涉

就要勇敢地去风雨兼程

既然人生注定了要辛苦

那就要勇敢面对挑战

热爱生活

人生短暂

我们没有时间

也没有理由

去跟生活开玩笑

热爱生活

做个精气神的完美结合

只有你热爱生活

生活才会好起来

（作者：蒋志武）

身边故事

学生小丽，由于先天因素影响，说话含糊不清，口齿不太伶俐，英语学习困难重重。最近，父亲身体不好正在住院治疗，为了减轻母亲的负担，小丽经常要去医院陪父亲，更加无暇顾及自己的学业了。就在她奔波于学校与医院之间备感疲劳之时，医院的收费单让原本贫困的家庭更是雪上加霜。父母没有医保，干活钱又不多，小丽和母亲一筹莫展。成绩不理想，口齿不清，父亲生病，连住院费都付不出来，一想到这些，小丽好几次在学校偷偷地流泪，不知道老天为什么会如此不眷顾她，更不知道接下去怎么面对生活。

反思讨论

1. 如果你是小丽,你会怎样积极地面对这些生活和学习中的困难?

2. 在你的人生词典里,热爱生活可以表现在哪些方面?

3. 面对较大的人生困难和挫折时,你觉得怎样才能做到热爱生活? 说说你的观点和做法。(填写在下方)

> 热爱生活,你的观点:
>
>
>
> 热爱生活,你的做法:

在志愿者活动中感受生命的意义

在寒假期间,我们学校许多同学都开展了有意义的社会实践活动,比如去敬老院关爱老人,到社区服务。

以下是同学们活动后的收获与感想。

高一(5)班　某同学:寒假期间,我们去了杭州市小营巷敬老院看望老人。我们到了敬老院,去了老人们居住的地方,将水果分给这些老人。其中有一位老奶奶,一见到我们就哭了,虽然我们无法体会她为什么哭,但能想象得到她一定经历了很多,也失去了很多。我们安慰她,希望她能开开心心的,还给她唱了歌,看到老人们开心的样子,自己也快乐极了。这一天虽然短暂,但我想这是我们的一次宝贵体验,其实奉献也是一种快乐。离别时,我们许下诺言,以后还会常来看看。新年了,真的希望像歌里唱的"常回家看看"。我们能做的只有让他们感受到我们的关爱,感到一丝温暖……

高一(6)班 潘同学：驿路梨花处处开，雷锋精神代代传。斗转星移，移不去雷锋的灵魂；岁月流逝，逝不去我们的热忱。同学们，新学期已到来，你们感受到那股温馨而祥和的春意了吗？让我们时时以雷锋为榜样，处处留下当代活雷锋的印迹。也许你不经意间一句善意的话语就能打开一个人的心灵，也许你一个不起眼的动作，就能为他人带来一片温暖！

让我们用自己的真心关爱他人，用自己的诚心温暖社会，用自己的奉献美化心灵。

第 三 章

人　际

人际是社会上人与人之间的交际和交往的总称。《礼记·学记》中有这样一句话："独学而无友，则孤陋而寡闻。"我们在亲属、朋友、学友（同学）、师生关系中成长，将来还要在雇佣关系、同事关系及领导与被领导等关系中历练。良好的人际关系会使我们心情舒畅，促进学习和工作效率。反之，人际关系不良，不仅会影响我们的日常生活，更会影响自己的身心健康。但因我们每个人都有自己独特的思想、背景、个性及价值观，因此在与他人交往中，我们不免会碰到这样或那样的困惑。如何与他人和谐相处，怎样调节自己的交往心态，体现着我们自身的素质，彰显着我们的涵养和学识。相信拥有宽广的胸怀、感恩的情感和大气的人生态度，会使我们的人际交往变得不再困难！

第一节 竞争合作

现实扫描

姚明跟奥尼尔的交锋

姚明跟奥尼尔的交锋被视为以东方人的善良与智慧化解争议的典例。两人第一次交手前,奥尼尔放出狠话:"我第一节就可以把他搞定。"姚明听了这话,虚晃一枪,笑呵呵地说:"如果是这样,杰夫(范甘迪)一定伤心死了。"说完,他补充一句:"我和奥尼尔只是在球场的那48分钟之内是对手,其余的时候我们是朋友。"

加盟 NBA 的第一个圣诞节,姚明给所有成名的现役中锋,包括奥尼尔都寄了圣诞卡。奥尼尔的父亲看到贺卡后,告诉儿子:"把你对那个人说的乱七八糟的东西给丢掉。"他给奥尼尔看姚明寄来的贺卡,上面写着:"SHAQ,你是我最喜欢的大个子,我想在几年后变得像你那样出色。"奥尼尔后来对媒体说:"当时我就觉得以前我对他太糟糕了,我总是试图在和他比赛之前贬低他,可是这些没用。他不像其他的那些人,我可以轻易击垮他们,只要我在报纸上说点什么,然后他们做出了回应,那我就一定胜利了。可是对姚明,这没用。我很尊敬他,你必须尊敬一个你无法击垮的男人。"

(来源:《南方人物周刊》)

故事链接

最早获得诺贝尔奖的华人

1949 年，杨振宁进入普林斯顿高等研究院进行博士后研究工作，开始同李政道合作。当时的院长奥本海默说，他最喜欢看到的景象，就是杨、李走在普林斯顿的草地上。两人共合作发表 32 篇论文，1957 年，杨振宁与李政道因共同提出宇称不守恒理论而获得了诺贝尔物理学奖。他们两个人是最早获得诺贝尔奖的华人。但是后来杨振宁和李政道的关系变得愈来愈紧张，并在 1962 年分道扬镳，成为华人学术界的憾事。关于他们关系破裂的原因，李杨双方偶有公开叙述，然而各有说辞，令外界对真实原因依然不得而知。流传较广的猜测是二人因排名先后的问题交恶。杨振宁拒绝谈论是什么原因使得他们的关系变得紧张。他说："这是我生命中令我非常失望的一件事情。我要说，这是一个悲剧。"他们两人从此几十年没有讲话。

杨振宁 7 岁的儿子杨光诺曾说："我要一人得诺贝尔奖。"1989 年他写信给已故中研院长吴大猷，向老师报告两人合作情形。吴大猷复信说："整件事是一极不幸的事，我想实情是不能永远掩盖着的，所以我希望大家都不再在世人前争，而让实情慢慢地展现出来。"

李政道在 1986 年撰写的《破缺的宇称》一文中，对于李杨关系有生动的比喻。"一个阴暗有雾的日子，有两个小孩在沙滩上玩耍，其中一个说：'喂，你看到那闪烁的光了吗？'另一个回答说：'看到了，让我们走近一点看。'两个孩子十分好奇，他们肩并肩向着光跑去。有的时候一个在前面，有的时候另一个在前面。像竞赛一样，他们竭尽全力，跑得越来越快。他们的努力和速度使他们两个非常激动，忘掉了一切。第一个到达门口的孩子说:'找到了!'他把门打开。另一个冲了进去。他被里面异常的美丽弄得眼花缭乱,大声地说:'多么奇妙! 多么灿烂!'结果,他们发现了黄色帝国的宝库。他们的这项功绩使他们获得了重奖,深受人们的羡慕。他们名扬四海。多少年过去,他们老了,变得爱好争吵,记忆模糊,生活单调。其中一个决定要用金子镌刻自己的墓志铭:'这里长眠着的是那个首先发现宝藏的人。'另一个随后说道:'可是,是我打开的门。'"

李政道接着说:"我和杨的合作在二十多年前结束了。它的价值,不需要更多的说明,就如我们已发表的科学论文所表现出的那样,经得起时间的考验。"

杨振宁曾这样形容他和李政道的关系:"有时候比我们和我们的太太之间的关系还要密切……这样深厚的一个关系,破裂的时候,我想跟一个婚姻的破裂,是在同一等级的痛苦。"杨振宁表示李政道是自己最成功的合作者,与李政道的决裂是他今生最大的遗憾。"总之,这是我一生中值得回味的一个篇章。是的,其中也有烦恼。然而,世间万事万物中,与人际关系有关而有意义的事情,又有几件是完全没有创痛的呢!"

(来源:《杨振宁传》《李政道传》)

观点碰撞

如何处理竞争与合作的关系

胡丹蓉同学:人际关系的处理是很复杂的,有的时候付出不一定有收获。但是对于我真正关心和在乎的人,我就会选择积极与之沟通,争取排除交往间的一切不信任隐患。而那些不是诚实相交的人,我也没有兴趣陪他玩文字游戏。

赵晓东同学：人和人之间的交往就像弹簧,适当的长度能保持长久,但过分了,就永远不会再次回到原点。现在我们受到更多的教育是竞争教育,事实上生活中处处需要合作,合作能力才体现一个人的人际交往能力。

葛康妮同学：竞争与合作从小到大都围绕着我们。可是当我们渐渐长大,这关系也开始变得复杂,其实可以说如何处理是我们在成长过程中一种心智成熟的表现。我相信只要成熟、能正视自己和他人,一切问题都可以解决。

张琪杰同学：俗话说高手往往死于乱军之中,为什么?因为高手再高也是个人之高,个人之高再高也是小技巧。一个民族要想长久屹立于错综复杂的人类之中,必须构建这个民族的整体竞争力。个体通过合作,有利于提高自身的利益和效率,团队中也总是会不断培养自身的英雄,同时借助英雄的榜样来带动团队其他成员,才能将团队的力量激活到最大。

陈慕同学：功成名就的人往往将自身成就归功于自己的力量,过分放大自己而弱化或轻视团队的作用,到后来往往不听从团队组织的指令,有时反过来利用团队组织的资源为自己谋取私利,甚至凌驾于团队组织之上。这时候团队组织就会反过来毁灭英雄,比如历史上的韩信等。可见合作和竞争实际并不是一对矛盾,关键是个体的心有多宽多大,能否对个体力量与集体力量有一个合理定位。

袁竞同学：我们都是独生子女,很多同学在家中是"小皇帝""小公主",是家庭的中心,是全家人呵护关心的对象,所以缺乏竞争合作的成长体验。进入集体生活,在做游戏的过程中学会了竞争与合作,形成人际观念。伴随着个人的成长我们不断体验着竞争合作带来的喜悦和不快、动力和压力,不断感受着竞争带来的思想冲撞和合作回报的群体成就,从而不断调整对不同的人、不同的事、不同的场合下竞争与合作的分寸的把握。

徐思雨同学：合作能产生更大的成果,我们大家都知道,也想拥有。但合作达到的双赢的结果应该建立在互惠互利的过程中,基础不公平的合作也不会有双赢的成果。

 智慧心语

竞争促进发展，合作拓展空间

竞争与合作是构成人生和社会生存与发展的两股力量,社会生活中有竞争,有合作。竞争是一种实力的展示、意志的抗衡。合作亦是一种资源的整合、智慧的汇集。竞争与合作的和谐统一,是社会进步的力量之源,是事业成功的根本保证。

在未来的社会中,竞争会越来越激烈,这一方面决定了人有多次成功和失败的可能;同时竞争的加剧,也要求人们学会合作。表面上看,这两个问题是对立的,但实质上它们是统一的——一个人如不善于合作,他肯定取得不了最后的胜利。因此,在人们之间进行竞争的同时还要学会合作。

把握好竞争与合作的关系很重要,但把握好竞争与合作关系的度是"知易行难"。人品学识超一流的学者未必能完美地驾驭这种关系,但他们在合作结束时依然表现出了高尚的情操,展现真性情,不虚伪不做作,同时保持对对方的尊敬,不再提及原因,不落人口实,那也是常人难以到达的境界。我们需要在人际活动中不断体验感受,提高我们的把握度。

竞争与合作是一柄"双刃剑",在新世纪,一个没有强烈竞争意识(或者说生存意识)的人是难以站稳脚跟的,更不用说求得个体发展了;而一味强调竞争可能走向它的反面,使组织内部人际关系恶化,严重的还会使整个团队陷入无谓的内耗中,最终影响到团队事业的发展。因此,每个人都应该认识到,在一个集体中,合作是第一位的,竞争是为了更好地合作。

成长空间

你是喜欢竞争还是喜欢合作？谈谈你在高中生活中竞争与合作的感受。

身边故事

小 A 是班级团支书，小 B 是班长，小 C 是语文课代表。周二中午，班主任进入教室，找了小 A 和小 B，要她们俩准备下周一的周会。两人都很激动，刚入学就有这么重要的任务，既是锻炼也是很有面子的事情。按照学校的惯例，周会由各班学生轮流主持，也似乎是不成文的惯例，一般都是由团支书和班长共同担纲，一位演讲一位主持仪式。小 B 心直口快："我当主持，小 A 演讲吧。"于是，小 A 被动接受了演讲的任务，可是演讲者要自己准备演讲稿，还要背出来，小 A 很为难，想说与小 B 换个任务吧，又怕小 B 不同意，还闹得同学间不愉快；硬着头皮接受吧，过程实在痛苦难受，尤其是自己文笔不好，写不好还丢班级的脸。纠结一天后，小 A 找到班主任，提出请其他同学写个演讲稿的方法。于是班主任找到了小 C，小 C 答应了，迅速写好了演讲稿，交给了班主任。但周五那天，小 C 来找班主任，要求周会时由自己去演讲，理由是"我是演讲稿的作者"。如果小 C 去演讲，就要说服小 A 放弃这次机会，下次机会就要等一个学期以上；如果小 A 去演讲，小 C 就拒绝提供演讲稿。怎么办？

反思讨论

1. 如果你是小 A，会接受还是放弃演讲任务？如果你是小 C，你会怎么做？你觉得小 A 和小 C 的做法怎么样？

2. 如果你是小 A 和小 C 的朋友，你会怎样回应她们俩出现的问题，怎样协调她们的关系？

3.针对同伴交往中发生的利益得失,你的观点是什么? 你通常会怎么做?(填写在下方)

同伴间发生利益得失,你的观点是:

你通常会怎么做:

 **旁征博引**

倘若你有一个苹果,我也有一个苹果,而我们彼此交换这些苹果,那么你和我仍然是各有一个苹果。但是,倘若你有一种思想,我也有一种思想,而我们彼此交换这些思想,那么,我们每人将有两种思想。 ——萧伯纳

人是最名副其实的社会动物,不仅是一种合群的动物,而且是只有在社会中才能独立的动物。 ——马克思

以众人之力起事者,无不成也。 ——管仲

拓展延伸

百事可乐与可口可乐的竞争

作为竞争对手,百事可乐与可口可乐都非常关注对方,只要对方一有新动作,另一方肯定也会有新花样。可口可乐早在 20 世纪 20 年代便在古巴用飞机在空中喷出烟雾,画出"Coca-Cola"字样,可惜因为缺少经验而失败。百事可乐在 1940 年更是一下租了 8 架飞机,飞了 14.5 万公里,在东西两海

岸城市，以机尾喷雾写下百事可乐的广告。可口可乐当然要及时反击，为强化国民第一饮料的形象，可口可乐赞助了1939年的纽约世界博览会，并请名人啜饮，将其照片刊在杂志封面上。但相比之下，百事可乐的宣传广告方式更有创意。他们专门设计了一套卡通片，而且还创作了一首看似极普通却风靡全美的广告歌曲。两大巨头在竞争中可谓不遗余力，使出浑身解数试图击败对手，但结果却是二者都有了长足的发展。可以说不断的竞争，创造了生机和活力，激发了不断地克服困难的勇气和智慧，促成了双方一直成长壮大。

（来源：网络）

第二节　理解宽容

现实扫描

宽容还是纵容

菲律宾人质事件发生后,成龙通过微博发表了"香港是多种族社会,别担心,我们没有憎恨"和替菲律宾特警开脱的博文,引发香港民众和各地华人的反感、愤怒,指责之声不绝于耳。几天后,成龙发表道歉声明,宣称"是个误会",是其美籍助手词不达意所致,并在随后接受媒体专访时继续强调"不该让悲剧变成仇恨"。道歉声明发出后,一些名人纷纷站出来替成龙辩解,或云"成龙没必要道歉",或说"大家理应宽容"。

（来源:网络）

宽容是金

2004年8月23日,雅典奥运会男子单杠决赛正在进行。28岁的俄罗斯老将涅莫夫第三个出场,他在杠上非常精彩,他征服了观众,但是裁判只给了他9.725分! 此刻,奥运史上少有的情况出现了:全场观众愤怒着,他们全都站立起来,报以持久而响亮的嘘声,比赛不得不被打断。回到休息处的涅莫夫埋首解下手上的层层绷带,脸上不带任何表情,裁判的不公早已不能让历经沧桑的他心头再起波澜,他是由于对体操的执着和热爱才仍然在这块场地上坚持奋斗的。但是现场的观众表示了对裁判的不满,他们挥舞国旗,对裁判报以阵阵的嘘声。本来应该上场的美国的保罗·哈姆虽然已经准备就绪,却只能双手沾满镁粉尴尬地站在原地。裁判席上的裁判们开始交头接耳,对目前的情况进行商讨。

已退场的涅莫夫仍然一副冷峻的表情,只是间或向观众挥手致意;涅莫夫的回应让观众的反应更加热烈了。面对着如此感人的场面,涅莫夫冰山般的面容也开始融化,他露出了成熟的微笑,边向着观众鼓掌,边站立起来,向同时朝他欢呼的观众挥手致意,并深深地鞠躬,感谢观众对自己的热爱和支持。涅莫夫的大度反而进一步激发了观众的不满,嘘声更响了,一部分观众甚至伸出双拳,拇指朝下,做出不文雅的鄙视动作。面对如此巨大的压力下,裁判终于被迫重新打分,这一次涅莫夫得到了9.762分。可是裁判的退让根本不能平息观众的不满,观众的嘘声反而显得更为理直气壮。重新准备开始比赛的保罗·哈姆又只能僵立在原地。

这时,涅莫夫显示出了非凡的人格魅力和宽广胸襟,他重新回到场地上那心爱的单杠边。只见涅莫夫先是举起强壮的右臂表示感谢观众的支持,并深深地鞠了一躬;接着,他伸出右手食指做出嘘声的手势,请求观众给保罗·哈姆一个安静的比赛环境;然后具有大将风范地双手下压,要求观众们保持冷静。涅莫夫的宽容,让中断了十几分钟的比赛得以继续进行。

在那次比赛中,涅莫夫虽然没有拿到金牌,但他仍然是观众心中的"冠军";他没有打败对手,但他以自己的宽容征服了观众。

(来源:网络)

故事链接

"二战"的宽容

"二战"期间，一支部队在森林中与敌军相遇发生激战，最后两名战士与部队失去了联系。他们之所以在激战中还能互相照顾、彼此不分，是因为他们是来自同一个小镇的战友。两人在森林中艰难跋涉，互相鼓励、安慰。十多天过去了，他们仍未与部队联系上，幸运的是，他们打死了一只鹿，依靠鹿肉又可以艰难度过几日了。可也许因战争的缘故，动物四散奔逃或被杀光，这以后他们再也没看到任何动物。仅剩下的一些鹿肉，背在年轻战士的身上。这一天他们在森林中遇到了敌人，经过再一次激战，两人巧妙地避开了敌人。就在他们自以为已安全时，只听到一声枪响，走在前面的年轻战士中了一枪，幸亏是在肩膀上。后面的战友惶恐地跑了过来，他害怕得语无伦次，抱起战友的身体泪流不止，赶忙把自己的衬衣撕下包扎战友的伤口。

晚上，未受伤的战士一直叨念着母亲，两眼直勾勾的。他们都以为他们的生命即将结束，身边的鹿肉谁也没动。天知道，他们是怎么过的那一夜。第二天，部队救出了他们。

事隔30年，那位受伤的战士安德森说："我知道谁开的那一枪，他就是我的战友。他去年去世了。在他抱住我时，我碰到了他发热的枪管，但当晚我就宽恕了他。我知道他想独吞我身上带的鹿肉活下来，但我也知道他活下来是为了他的母亲。此后30年，我装着根本不知道此事，也从不提及。战争太残酷了，他母亲还是没有等到他回来，我和他一起祭奠了老人家。他跪下来，请求我原谅他，我没让他说下去。我们又做了二十几年的朋友，我没有理由不宽恕他。"

一个人,能容忍别人的固执己见、自以为是、傲慢无礼、狂妄无知,却很难容忍对自己的恶意诽谤和致命的伤害。但唯有以德报怨,把伤害留给自己,让世界少一些不幸,回归温馨、仁慈、友善与祥和,才是宽容的至高境界。

(来源:网络)

观点碰撞

宽容是什么

李一川同学:与人交往就要少一些索取,少一些功利,多一些付出,多一些奉献。每个人都有自己与别人交往的方法,我们要善于发现别人的优点,多一些赞美,以和谐为贵。

金天宇同学:多一些谅解,多读点书,学会换位思考,也就不会让人觉得太自私。

陈芳琳同学:我们总会遇到曲折坎坷。灿烂的阳光下,也有阴暗的角落;和风日丽的天空,会有乌云飘来的时候;在人与人相处的过程中,也会遇到形形色色的人,或善解人意、知书达理,或心胸狭窄、蛮不讲理,或愤世嫉俗、感情用事;或宽容大度、冷静沉着……用你最真诚的心去对待生命中出现的每一个人。

李老师:在处世中不搞唯我独尊,对不同的观点、行为要予以理解和尊重,即使自己有理,也不能咄咄逼人,得理不让,把自己的观点和行为强加给别人,要尊重他人的自由选择。

王浩浩同学:当你的真诚被视作幼稚,你的勇敢被视作鲁莽,你的灵活被视作滑头,你的让步被视作软弱,你的慎重被视作保守,你的赞美被视作讽刺,你怎么办?凄凄惨惨地躲起来哭?哭不能改变别人的看法,伤心的还是自己。喋喋不休地为自己申辩?那只能成为人们茶余饭后的笑料。羞羞答答地按照别人的看法来改变自己？在没有理解的地方，会激发出自尊的力量。不要乞求理解。不求理解，你就没有不被理解的烦恼；不求理解，你才有更加坦荡的胸怀和义无反顾的勇气。

许友城同学：有时候要得到别人的宽容是很难的。当别人还是不理解你时，该怎么办呢？正确的态度是："理解万岁"四部曲（一、承认别人不理解的现实；二、尊重别人的不理解，认为它总有一定合理性；三、尽可能了解别人为什么不理解；四、采取让别人容易理解的方式，让其理解）。

智慧心语

宽容是人际关系和谐的要素。在人际交往中，常常会发生矛盾。就其矛盾的性质来说，多半是非原则性的。对于这些非原则性的矛盾，只有采取宽容的态度，才能更好地保持人际关系的和谐。宽容是处世的良方，也是人生的美德。

三国时期的蜀国，在诸葛亮去世后任用蒋琬主持朝政。他的属下有个叫杨戏的，性格孤僻，讷于言语。蒋琬与他说话，他也不回应。有人看不惯，在蒋琬面前嘀咕说："杨戏这人对您如此怠慢，太不像话了！"蒋琬坦然一笑，说："人嘛，都有各自的脾气秉性。让杨戏当面说赞扬我的话，那可不是他的本性；让他当着众人的面说我的不是，他会觉得我下不来台。所以，他只好不做声了。其实，这正是他为人的可贵之处。"这是蒋琬对杨戏的理解，更是蒋琬对人性的理解，也正是这种理解成就了他的工作。后人赞蒋琬"宰相肚里能撑船"。

"事修而谤兴，德高而毁来。"用这句话来形容世人均有的心态是再好不过的，人食五谷杂粮，难免有嫉妒心，人的嫉妒之心使他忘记了这样的古训：宽容才是真正的美德。以一颗宽容的心去对待别人，才能换取别人对你的宽容。倘若当初没有蔺相如的宽容气度，又怎么可能有负荆请罪这样感人的故事流传至今呢？宽以待人，才能发现别人的长处，看到自己的短处，从而取他人之长，补己之短，不断完善自己。

其实，宽容就是一种境界。宽容不仅仅指人与人之间的理解和关爱，而是内心对于天地间一切生命产生的博爱。"方以待己，圆与待人"与宽容是不矛盾的，轻易地原谅自己，那不是宽容，那是懦夫。宽容那些不懂得珍惜宽容的人是滥情，宽容不值得去宽容的人是姑息，宽容那些丧尽天良的人是放纵，因此，宽容也应该看对象。

生命的列车，每个人只有一张单程票，在这多姿多彩的世界里，我们将尝到酸甜苦辣，对待这些不同的滋味，我们都不应该拒绝，我们要经得住时间与生活的考验，具有宽容的思想境界，才会真正领会到人生的真谛。

（来源：网络）

 成长空间

在现实生活中，你曾经宽容过别人或者被别人所宽容过吗？讲讲自己的亲身经历和感受。

身边故事

小雯是班干部，文静内敛，成绩优秀，工作认真负责但不够大胆。小雯的同桌杨小妹，模样长得俊秀，能上台表演文艺节目；性格活泼但常管不住自己，行为随便，不分场合地说笑嬉闹；脾气直，常与同学顶嘴，爱指手画脚，吃饭挑食，过分讲究打扮；纪律散漫，劳动时"溜号"；爱出风头，逞英雄。自修课，大部分同学都在自己的座位上埋头做作业或复习。小雯一向习惯抓紧时间做作业，然后回家多做点提高题，但杨小妹总是静不下来，没老师检查时就转来转去讲话，有老师同学检查时就拿作业本问小雯问题，而且很多问题都是老师上课讲过的内容。受杨小妹的影响，小雯自修课的学习效率大大降低，导致小雯回家学习的时间大大增加，睡眠时间也随之减少……

反思讨论

1.你怎么看待同桌与你个性差异较大的情况？你觉得与同桌如何相处才能取长补短？

2.针对班级座位定期或不定期调整,你会对老师有哪些建议？

3.你在团队中(学习小组或研究性小组等)如何与志同道合的朋友相处？又如何与个性迥异的成员合作？有过哪些难忘的经历？哪些经历对你的成长影响较大？(填写在下方)

与同学相处的体会:

经历分享:

旁征博引

宽恕是紫罗兰在被鞋跟踩碎后,散发出来的芬芳。 ——马克·吐温

君子贤而能容罢,知而能容愚,博而能容浅,粹而能容杂。 ——荀子

这世上最辽阔的是大海,比大海更辽阔的是天空,比天空更辽阔的是人的胸怀。 ——雨果

拓展延伸

鲍叔牙荐管仲

春秋时,齐襄公被杀后,公子小白和公子纠为争夺王位而战。鲍叔牙助

小白，管仲助纠。双方交战中，管仲曾用箭射中了小白衣带上的钩子，小白险遭丧命。后来小白做了齐国国君，即齐桓公。齐桓公执政后，任命鲍叔牙为相国。可鲍叔牙心胸宽广，有知人之明，坚持把管仲推荐给桓公。他说："只有管仲能担任相国要职，我有五个方面比不上管仲：宽惠安民，让百姓听从君命，我不如他；治理国家，能确保国家的根本权益，我不如他；讲究忠信，团结好百姓，我赶不上他；制定礼仪，使四方都来效法，我不如他；指挥战争，使百姓更加勇敢，我不如他。"齐桓公也是宽容大度的人，不记射钩私仇，采纳了鲍叔牙的建议，重用管仲，任命他为相国。管仲担任相国后，协助桓公在经济、内政、军事方面进行改革，数年之间，齐转弱为强，成为春秋前期中原经济最发达的强国。就是这种宽容成就了齐桓公"九合诸侯，一匡天下"的霸业。

第三节　懂得感恩

现实扫描

扬州大学新闻学院将感恩能力与奖学金评定挂钩

据中国之声《央广新闻》报道，"学年内参加志愿服务、公益活动或感恩活动不少于 2 次"，这是新学期开始后扬州大学新闻与传媒学院奖学金评判细则中的一个条件。根据规定，如果学生不参与此类感恩或公益活动，将被取消评奖学金的资格。将感恩能力与奖学金评定挂钩实属新鲜事，规定一出台，就引起争议。

（文章有删改，来源：中国广播网）

学生感恩该不该下跪

2010 年 10 月 14 日上午，山东省桓台县索镇实验中学请来专家在操场上做主题为"爱心做人，奋斗成才"的报告会，其中有一项互动活动，是让学生上台用不同的方式感恩老师。当时，有的学生与老师握手、拥抱，有的向老师鞠躬。还有三四名学生，在专家的提醒下向老师下了跪。当时做报告的刘教授说："互动过程中，我让一些孩子感恩老师，有的孩子向老师鞠了一躬，我就说：'你能不能用中国最隆重、最传统的礼节，给老师磕个头？'当时这些学生都痛快地照做了。"令学校意想不到的是，此举引发部分家长的强烈不满。

桓台张桥村张先生的儿子在索镇实验中学上初一,在向老师下跪的学生之列。张先生对记者说:"我十分气愤。感恩教育没错,但在全校师生面前让我的孩子下跪,让人无法接受,这对孩子是一种羞辱。下跪磕头是封建旧传统、旧思想。真想不通,一个教授,走南闯北,学问这么高,竟然还有这样的想法。"张先生的妻子田女士因为不满意,到学校去讨说法,与学校的老师发生了冲突。她说:"我们家孩子春节都不给爷爷奶奶磕头,怎么能让他在那么多人面前给老师下跪?专家说是要让学生学会感恩,那他给不给他的老师下跪呢?"

刘教授认为,孩子在学校的表现是家长的一面镜子,是家风的体现。孩子为什么缺乏爱心,缺乏感恩的意识?就是因为家长只知道为孩子提供物质上的满足,忽视了情感上的养育,没有让孩子感受到爱,没有教给孩子表达爱的能力和方法。在日本、韩国,尊师的礼节很隆重,下跪很平常。当然,感恩不一定下跪,下跪只是感恩的一种形式。

(文章有删改,来源:新华网)

故事链接

复旦大学黄山 18 驴友被救事件

2010 年 12 月 12 日,以复旦大学学生为主的 18 名上海驴友黄山遇险,致营救民警张宁海不慎坠亡。事发数日,事件不断发酵:复旦学生脱险后不谈哀悼殉职民警,先讨论如何搞好媒体公关,对牺牲民警冷漠无情,不承认错误,推卸责任,不懂得感恩……网络上层出不穷爆出的"内情",让复旦大学深陷"黄山门"。

12 月 17 日晨,复旦悼念黄山殉职民警,被救学子为轻率行为道歉。

16名获救学生依次向遗像敬献鲜花,深深鞠躬,其中一名女生当场痛哭失声:"我为我们轻率的行为再次向你道歉。"

这名少女是复旦经济学院学生,名叫丁卉。记者采访时,她追悔不已:"我们事先对路线天气都没有足够的了解,过于乐观简单地考虑问题,造成了无法挽回的错误。"说话间,她数度泣不成声。

被救学生表示,他们将一起到黄山向张宁海父母忏悔,并且正在筹划成立一个基金,用于资助牺牲民警张宁海曾就读过的小学。

(来源:网络)

 ## 观点碰撞

我们如何感恩

金雨婷同学:感恩是我们每个人要学会的必修课。无论你是一名重点大学的学生还是一名普通的学生,没有修好这个课,从再好的大学毕业,都不具有价值。

市民于晓华:下跪感恩老师的做法在我国并不适合。感恩教育要符合国情和学生实际心理,我国早就没有这样的文化环境了,而且在国民的记忆中,下跪很多时候是跟屈辱联系在一起的。中国人已经站起来了,为什么还要提倡下跪呢?

网友新新人类:10多名复旦大学的学生被困黄山一段未开放的区域,为救学生一名民警坠崖牺牲。一个生命的逝去,换来的不是复旦学子的反思和感恩,而是在论坛大谈面对媒体如何公关,登山社谁来掌权,以及冷漠的一句"你们就该为纳税人服务"。复旦学子的冷漠寒了很多人的心,高校学子对待生命竟然缺乏基本的尊重和敬畏。

张店区的雷老师:感恩教育不能停留在形式上,感恩必须是心甘情愿的。给老师下跪,只是一种感恩的形式。感恩不在于学生给老师送卡片、买

礼物。只要学生正直做人、认真学习，做对社会有用的人，就是对老师最好的报答。

莫名感动：现在的孩子很多缺乏爱心、缺乏管教、缺乏自制力，家长和老师为他们付出了那么多，他们觉得天经地义，不懂得感恩。有的孩子因为被老师批评，反而记恨老师，把老师当成仇人。一个初中生就因为被老师批评，骑着摩托车撞向老师，把老师撞到沟里去了。这样的孩子，就算是名牌大学毕业，也无法在这个社会生存下去。复旦孩子的表现，别说是感恩的形式，连感恩的心都没有！

可可虫：孩子为什么缺乏爱心，缺乏感恩的意识？就是因为很多家长只知道为孩子提供物质上的满足，忽视了情感上的养育，没有让孩子感受到爱，没有教给孩子表达爱的能力和方法。

小小秘密：赠人玫瑰，手留余香。一个经常怀着感恩之心的人，心地坦荡，胸怀宽阔，会自觉自愿地给人以帮助，助人为乐。而那些不会感恩的人，血是凉的，心是冷的，带给社会的只能是冷漠和残酷，这样的人如果多了，社会就会变成冷酷而毫无希望的沙漠。我们漠视他们，不屑于与他们为伍。

（来源：网络）

 **智慧心语**

懂得感恩，懂得回报

感恩是一种处世哲学，也是生活中的大智慧。

"感恩"是因为我们生活在这个世界上，一切的一切，包括一草一木都对我们有恩情！

从婴儿呱呱坠地到哺育他长大成人，父母花去了多少的心血与汗水，熬过了多少个日日夜夜；从上小学到初中，乃至大学，又有多少老师为他呕心沥血，默默奉献着光和热，燃烧着自己，照亮着他人。

感恩是发自内心的。俗话说"滴水之恩,当涌泉相报",更何况父母、亲友为你付出的不仅仅是"一滴水",而是一片汪洋大海。你是否曾在父母劳累后递上一杯暖茶,在他们生日时递上一张卡片,在他们失落时奉上一番问候与安慰?他们往往为我们倾注了心血、精力,而我们又何曾记得他们的生日,体会他们的劳累?又是否察觉到那缕缕银丝,那一丝丝皱纹?感恩需要你用心去体会,去报答。

感恩是敬重的。居里夫人作为有名的科学家,曾两次获得诺贝尔奖,但她在会上看见自己的小学老师,也用一束鲜花表达她的感激之情;伟人毛泽东也同样在佳节送上对老师的一份深深感激。自古以来很多人都有着一颗感恩的心,感恩不需要惊天动地,只需要你的一句问候,一声呼唤,一丝感慨。汪涵是湖南台一手捧起来的著名主持人,自打《超级女声》播出之后,汪涵的声势丝毫不逊于央视的李咏。因为外形比较讨喜,很多电视台都想对汪涵进行挖墙脚。但汪涵是个特别重感情的人,他在接受记者采访时便表示:"湖南卫视是我成长的台阶,我心存感恩,也绝对不会离开湖南卫视。""除了湖南台,还有哪个地方会一手把你捧红,专门为你制作节目,不仅给你那么高的工资,还允许你随便在外面挣外快!"

感恩是有意义的。《楚天都市报》报道,襄樊 22 名受助大学生受助一年时间里,三分之二的人未给资助者写信,有一名男生倒是给资助者写过一封短信,但信中只是一个劲地强调其家庭如何困难,希望资助者再次慷慨解囊,通篇连个"谢谢"都没说,让资助者心里很不是滋味。其中 5 位没有主动给资助者打过一次电话,写过一封感谢信,更没有一句感谢的话。受助大学生的冷漠逐渐让资助者寒心,他们被取消继续受助的资格。多年来为资助贫困生东奔西走、劳神费力的襄樊市总工会副主席周萍为此十分尴尬,她感觉部分贫困生心理上"极度自尊又极度自卑",缺乏一种正确对待他人和社会的"阳光心态",有的学生竟自以为"成绩好,获资助是理所当然的",缺乏起码的感恩之心。

学会去感激别人,只有如此才会有和睦,有快乐,有彼此间的敬重。怀着一颗感恩的心,去看待社会,看待父母,看待亲朋,你将会发现自己是多么快乐,敞开你的胸怀,让霏霏细雨洗去你心灵的污染。学会感恩,因为这会使世界更美好,使生活更加充实。

成长空间

在日常生活中,你会时常心存感恩吗?请给帮助过你、关心过你、启发过你的人一个感恩回馈,用你的实际行动告诉他们,你是心存感恩的人。

身边故事

教数学的李老师是位工作责任心强,经验丰富的老师,他对所教两个班同学的作业每天都要求面批订正,所以中午时办公室里挤满了面批或等待面批的学生。有时学生等待面批的时间比较长,就没法午休了。小明连续几天的作业做得质量都不高,李老师在面批时不由得提高了嗓门,语气也有点急了,小明觉得被周围很多同学看到听到,特别伤自尊,不由得拉长了脸,对于老师的问题也是瓮声瓮气地回答。回到教室,坐在座位上,慢慢冷静下来后,他想起老师每天牺牲了自己的休息时间来辅导学生,一样的题目可能就要讲几十遍,想起自己在数学上的进步,心中不由得一阵难过。接下来,小明怎么做比较好?

反思讨论

1.你怎么看待老师的工作态度和对小明的批评?

2.如果你的长辈/老师因为与你成长经历不同,关心你的方式不当,你会怎么处理?有过冲突吗?冲突之后又有哪些感悟与成长?

3.你觉得哪些人是你生活中值得感恩的?你最常表达感恩的方式是什么?(填写在下方)

你身边值得感恩的人：

感恩方式分享：

旁征博引

蜜蜂从花中啜蜜，离开时营营地道谢。浮夸的蝴蝶却相信花是应该向他道谢的。

——泰戈尔

不管一个人取得多么值得骄傲的成绩，都应该饮水思源，应该记住是自己的老师为他们的成长播下了最初的种子。

——居里夫人

拓展延伸

感恩回报，有爱同行

2015年1月，在学校周会上播放了一段视频——《让爱为他点亮生命之路》。方博，高三学生，不幸得了白血病，急需一笔昂贵的手术费。视频播出后，全校师生开始自发地给方博同学募捐治病款项。与此同时，消息在新闻媒体、QQ群、微信朋友圈里以几何级增长的速度传播着。"方博，加油！"一股浓浓的暖流在2014年冬天的杭城迅速扩散，《今日早报》等媒体用"刷新杭城慈善纪录"这样的报道给大家传递了满满的正能量。几天后，当学校老师和同学代表把募捐所得的存单和多达31页的爱心捐款接收单递到方博妈妈手中时,方博和他的妈妈被深深感动了。2015 年的音乐会上,舞台的 LED 大屏上出现了方博健康的笑容。因为有爱同行,骨髓移植手术成功,出现了生命奇迹!

教育事业是爱的教育。学校德育的成果平时可能看不见、摸不着,却在不经意闪现它的痕迹。这次爱心捐款让学生懂得,现实生活中的爱,离我们并不遥远。激发学生内心的爱,才会使得学生的人格更加高尚!

灵气篇

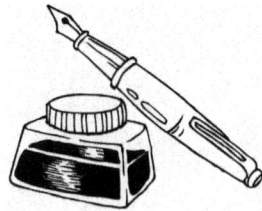

第 一 章

自 知

生活中的任何事情，在刚开始时都只是一个梦想。汽车、飞机、电脑、服装、食品、维生素、100万元的存款、北京大学的录取通知书，每一项事业，每一幢房子，每一条道路，每一所学校，每一本书，每一个发明……在成为事实之前，它们都只不过是一个想法而已。有了一个想法，再加上行动，配以合适的策略和自我管理，你也许就能得到你想要的。如果你什么都不想要，那你就什么也得不到。

　　兴趣、计划是梦想成真的一半，行动是梦想成真的另外一半。成功是一把梯子，双手插在口袋里的人是爬不上去的。只要不让年轻时美丽的梦想随岁月飘逝，坚持行动，成功总有一天会出现在你面前。

第一节　兴　趣

现实扫描

　　顺着山谷去爬一座白云缭绕的大山,没想到不少人还带着七八岁的孩子。登山,大人都爬着费劲,何况孩子。可是孩子们欢呼着,雀跃着,叽叽喳喳,总是走在大人的前面。山谷蔚秀,岚云清流,野花杂树,芳草萋萋,石阶深深,引得孩子们欢呼雀跃。到了山上,还要走十多里山路去一座寺庙,孩子们一听更是兴致勃勃,走在前面开路。一天下来,走了四十里路,大人们个个累得腰酸腿疼、东倒西歪,孩子们却兴奋地仰着小脸问:"什么时候还来这里玩呢?"大人们纳闷:平常在城里走路,孩子们走几里就嚷着腿疼,爬山走这么远的路,孩子们怎么都不嚷累呢?

　　鸟语花香的美景,将孩子们引入幽境;目不暇接的新奇,让他们兴奋;柳暗花明的境遇,充满悬念和爽心。

　　兴趣是生命飞翔的翅膀,它能将枯燥和沉闷转化为鲜活生动和美丽轻盈。兴趣是最好的老师,它能激发人的潜能,开发智慧,磨炼意志,陶冶性情,使个体克服重重困难,攀上成功的顶峰。

故事链接

法布尔的《昆虫记》

法国昆虫学家法布尔，从小就对昆虫产生了浓厚的兴趣。有一天夜里，他提着灯笼，蹲在田野里，观看蜈蚣怎样产卵，一连看了好几个小时，他忽然感到周围越来越亮，抬头一看，原来太阳已经从东方升起。还有一次，法布尔爬到一棵树上，聚精会神地观看蛐蟀的活动。突然他听到大树下有人大喊："抓住他，抓住这个小偷！"这才使他大吃一惊——原来人们竟把他当作了小偷！

兴趣是人们力求认识某种事物或爱好某种活动的倾向。这种倾向总是和一定的情感联系在一起的。因为法布尔对昆虫研究产生了浓厚的兴趣，所以他能痴迷地去研究，乐此不疲，最终激发了他终身研究昆虫的志趣，写下了巨著《昆虫记》，共十卷，对昆虫学做出了巨大的贡献。

观点碰撞

谈高中的学习兴趣

虽然知道兴趣的重要性，但现实是，当我们不少同学进入高中以后，还是会发现自己学习劲头不足，影响到了学业成绩的提高。以下就是一位高中同学的疑问：

我是一个高中生，以前对学习很有兴趣，可现在明显减弱，为了将成绩赶上去，我给自己定了许多任务和作业，我越想把成绩搞好，我就越在做作业时对学习没有兴趣，正常吗？我该怎么办呢？

美食家勤学秀才：很正常，我也是一个高中生，你说的我能体会。高中与之前的学习相比的确没有那么轻松了,如果说以前你是因为对学习有兴趣才学习的,那么现在你不得不承认的就是你首先要面临的是高考,此时学习的动机就不是那么单纯了,自然会没有兴趣。

不过我觉得兴趣是可以培养的,在高中大家的学习压力都很大。也有很多人对学习失去了动力,但是我相信压力是可以变成动力的。我觉得你可以给自己定下一个目标,比如说我的目标是学习成绩要超过某某,那么我就义无反顾地向着这个目标前进,等到自己真的千辛万苦达到这个目标的时候会有一种成就感和信心,你如果试着将自己的能力一点一点地提高,而你自己就目睹这样的进步,你会发现这其中有很大的乐趣。

还有就是学习不一定要学课内的知识,有很多课外的书籍资料都是可以去涉猎的,在一天的学习之后适当放松一下,在固定的时间放一个假,我想对于你来说都是有好处的。我建议你多阅读,不一定要文学名著,也可以是各个方面的文章、论文等,要看你对什么感兴趣了。艺术方面的,历史方面的,哲学方面的,或者是心理学逻辑学方向的,都无所谓,在阅读的时候就会觉得很放松。然后等到给自己定的休息时间过了你可以重新回到学习上来,我想这是一个很好的方法。

饱学秀才:很正常啊,高中压力那么大,奋战了九年的你一定很辛苦,而且知识难度步步升级,难免会对学习产生厌倦。你可以先给自己放个假,抽出一天时间,让自己的压力减轻,接触一下大自然,感受外界事物的美好;再者,如果性格腼腆,现在要先扔下它,去与父母、老师或朋友谈谈心,放松一下心情,同时,应该寻找一下学习技巧,运用技巧解题,多组织或参加一些学习活动,提高对学习的兴趣,学习自然也是为了自己的将来,努力吧!

陈嘉澍学长:兴趣是学习的原动力。

很多人认为学习是迫于高考的压力,是一种无奈的选择。不过我一直相信兴趣才是学习的根本动力所在。没有兴趣的学习都不会是持久的学习。也许你可以在老师每天不停的督促下认真学习,顺利通过高考进入大学。但当你在大学里失去了外界的督促之后，你就会开始排斥学习，进而消磨时光。如此被动的学习即使带给你高考的胜利又有何意义？毕竟高考只是人生学习生涯中的一站。当然很多兴趣都不是与生俱来的。就好比我喜欢打篮球，但不意味着我刚出生就喜欢打篮球。直到小学五年级，我都更喜欢打乒乓球，但我却会尝试着和

陈嘉澍（左三）考入复旦大学后，获得香港城市大学全额奖学金。2006 年获得美国"富布赖特科学奖学金"（全球 27 位得奖者中唯一一位中国学生）

其他同学一起打篮球。经过一段时间之后，我慢慢发现了自己对篮球的兴趣，也在此之后都保持着打球健身的习惯。学习亦是如此，当你钻研各个学科之后就能逐渐发掘自己对于知识的好奇。

（来源：网络）

 ## 智慧心语

兴趣有三个境界：兴趣、乐趣、志趣。

兴趣的发生，是一切成功的起点。因为兴趣，著名的生物学家达尔文写出了进化论；因为兴趣，爱迪生有了 1000 多项发明创造。夸美纽斯说过："兴趣是创造一个欢乐和光明的教学环境的主要途径。"爱因斯坦也说过："最好的老师莫过于热爱。"

兴趣的第二境界是乐趣。乐趣是你能去做，并把它做好，同时在做的过程中得到快乐。我们学校有一些同学喜欢传统文化，但如果你不仅能够自己欣赏，还能进行研究性学习，将自己的研究成果向大家介绍，与他人分享，大家一定会说你是个有情趣的人。一个有情趣的人，可以体验生活和学习

的乐趣，就会热爱生活、热爱生命。

兴趣的最高境界是志趣，也就是把自己的兴趣、情趣与自己的理想目标结合起来，人生最幸福的事情就是一生能从事自己最喜欢做的事情并取得成就。诺贝尔奖获得者丁肇中博士在青少年读书时最感兴趣的是中国历史、化学和物理，后来对物理最感兴趣，并且把研究物理发展成终生奋斗的目标，取得了杰出的成就。"志趣"作为"三趣"中的最高目标，它至少包含三层含义：第一，要有学习和生活的明确目标；第二，要对自己的未来有规划和理想；第三，一定要有承担责任的意识和行为。

当然，我们的大多数工作都是由无数简单的重复劳动组成的。比如在微软做软件设计工程师，至少有一半的时间都是在维护别人的代码、调试、除错。很多年轻人觉得从事计算机相关的工作很酷，可是如果不能对这些基本操作产生兴趣，我们很快就会觉得枯燥无味，从而厌倦工作。对于那些不知道自己兴趣在哪里的朋友，最好的方法就是在自己每天所做的事情里找到兴趣。也许你觉得你的学习和工作很无聊，没有乐趣，但你可以每天问自己：今天有没有哪一点比昨天做得更好？有没有解决一个新问题？技能有没有提高？有没有学到新东西？能不能做得比别人更好？我的工作有没有对别人起到帮助？相信这样的思考会让你重新看待你认为索然无味的工作，让你重拾兴趣。

最后希望每一位同学能从兴趣出发，逐渐形成自己独有的情趣，并逐渐将兴趣、情趣上升为志趣，那么你将来一定是拥有幸福快乐和成功的人。

成长空间

亲爱的同学，你怎么认识自己的学习兴趣呢？你是如何培养自己的学习兴趣的？请结合实际谈谈你的看法。

身边故事

学生小王,热爱玩电子游戏。为了游戏,他可以不吃不喝,废寝忘食,连续作战。他说自己热爱游戏的原因是:游戏的设计者几乎无一例外地为游戏设计了关卡,设计积分,设计奖励,过一关会得到一些相应的奖励,积累一定数量的分数。失败了也没人指责、批评,只要回过头来,重整旗鼓再战即可。没有任何的时间或空间的限制,随心所欲。小王不爱学习,对学习没有兴趣,父母看在眼里,急在心里,这不,考试结束成绩揭晓,又来学校找老师了:这个儿子,怎么办才好呢?

反思讨论

1.小王为什么那么爱玩电子游戏? 你身边有这样的同学吗?

2.怎么帮助小王建立学习兴趣? 老师可以怎么做? 同学可以怎么做? 家长可以怎么做?

3.听了这个故事,对你自己有什么启发? 谈谈你对自己的学习兴趣的思考?(填写在下方)

> 谈谈你对学习兴趣的知识:
>
>
> 提高学习兴趣的方法:

旁征博引

天才,就是强烈的兴趣和顽强的入迷。　　　　　　　——木村久一

古往今来人们开始探索,都应起源于对自然万物的惊异。

　　　　　　　　　　　　　　　　　　　　　　　　——亚里士多德

我认为,对一切来说,只有热爱才是最好的教师,它远远超过责任感。

　　　　　　　　　　　　　　　　　　　　　　　　——爱因斯坦

拓展延伸

兴趣是最好的老师

　　篮坛巨星姚明曾说过,最重要的就是去做你真正想做的事情,跟着兴趣走。在姚明小时候,姚明的父母并没有刻意鼓励他把篮球当作自己将来的事业,他们只是让姚明做自己喜欢的事情。他们希望小姚明和普通的孩子一样读书、上大学、找工作,然后找到自己的生活方式。但姚明最终还是选择了篮球。后来他发现自己真的非常热爱篮球。

　　姚明、姚明的父母和他当年的老师、教练以及小伙伴都说,其实刚开始姚明并不喜欢篮球,对当年的他来说,篮球只不过是一种游戏。姚明的父亲姚志源说,小时候,姚明和其他男孩子一样,喜欢枪,后来爱看书,尤其爱看地理方面的书,有一段时间还对考古发生了兴趣。再往后,喜欢做航模,他第一次在体工队拿了工资,就去买了航模回来自己做。

　　中国父母常命令孩子放学后学这学那——音乐、绘画、跳舞。孩子们没有选择的自由,父母说了算。姚明的母亲从不强迫姚明做此类事,她让姚明尝试做自己喜欢的任何事。她只要求姚明不要做坏事,或者用错误的方式做事。

　　姚明直到 9 岁的时候，才开始对篮球有点兴趣。到 12 岁时，他已经非常喜欢篮球这项运动了。父母把他送到上海体育学院，他在那每天都要打几个小时的篮球。由于离家的路途比较遥远，姚明住校，这使得他有更多的时间打篮球，他对篮球越发专注了。可见，兴趣对一个人的个性形成和发展、对一个人的生活和活动有巨大的作用。

　　如何培养兴趣呢？

　　方法与策略：

　　首先要有浓厚的好奇心。对于未知的事物应该付诸行动去接触它，好奇心是兴趣的初始状态。要消解大脑中的疑问，就需要进一步去钻研，兴趣的开端往往就这样产生了。

　　其次就是不间断。要培养一份兴趣，也要不断去熟悉它，渐渐地让它成为生活的一部分，每天碰一点，久了自然会成为习惯，如果只是选择性地初一、十五玩一下，那是很难变成自己兴趣的。

　　除此之外，找朋友也是很重要的。校园的一些社团，就是为志趣相投的学生共同活动而设立的，因为一个人即使对某样活动兴致盎然，也会有停摆的时候，此时，朋友就可从旁鼓励协助，而且，如果还是一个比你优秀的朋友，还可能刺激你更上一层楼。

（来源：网络）

第二节 策 略

现实扫描

在实际的高中生活中,学习策略已经成为高中生是否能获得良好学业成绩的一种重要因素。平日,我们把学习策略通俗地称为学习方法或学习手段。在现实生活中,有的同学找不到适合自己的学习方法,有的同学的学习方法还停留在初中甚至小学层面,不知道如何提高。

有学生说:

高一跟着老师走,狠抓基础;高二重基础的同时做一些难题,适当地做一些模拟卷;高三查漏补缺,还是狠抓基础,做一些高考题。

课前三分钟一定要坐在座位上,静心;上课时思维活跃一点,别胡思乱想;下课注意反思。

一切以学习为重,网游、小说、谈恋爱等暂放一旁。

多和成绩好的同学交朋友,近朱者赤嘛! 即使不能给你什么好的学习方法,至少不会影响你学习,还能提供适时的学习帮助。

不仅要重视学习,高一时学校组织的活动也要积极参加,否则到高二、高三就心有余而力不足喽!

还有,上课积极回答问题,可以得到老师的好感。

语文就是要多看多积累,数学要掌握老师所教的解题方法,那些做过的题要经常回味,尤其是那些错了的,要有错题集,英语和数学也是一样,要看单项选择,最好能够熟记,范文也要多背,这样你的词汇才能增多,单词是基础,做到课前预习,课堂认真听讲做笔记,下课认真复习,作业自己完成。

高中学习最重要的不是死读书,不是死做题目,要理解知识,做适应性的题目。

（来源:《青年文章》）

故事链接

心理学家罗司和亨利曾做过一个著名的反馈效应心理实验:他们把一个班的学生分为三组,每天学习后就进行测验。第一组每天告知学习结果,第二组每周告知一次学习结果,第三组只测验不告知学习结果。八周后将第一组和第三组的反馈方式对调,第二组不变。第三组有突出的进步,而第一组的学习成绩逐步下降,第二组成绩则稳步上升。

这则实验说明,及时知道自己的学习成绩对学习有重要的促进作用,而且及时反馈比远时反馈效果更好。

实际上,对学习者而言,及时反馈就是一种比较好的学习策略,通过这种反馈,可以让自己及时整理收获,清除不足之处,为下一步的查漏补缺奠定基础。

观点碰撞

对高中生来说，什么样的学习方法是好方法

浙江省文科状元陈杭霞:之所以能取得这样的成绩,主要原因之一就是我为各科都准备了一个错题本,上面记录着我在学习过程中碰到的所有做

错的题目,不仅有题目的解答,还有当时做错的原因以及对自己的提醒。

陈嘉澍学长:良好的学习方法是取得优异成绩的必要元素。

学习的时间并不是决定学习成果的最主要元素,而学习方法的有效与否却是决定成败的关键。有很多人不断地参加各种补习班,但未能取得理想的成绩,其根本原因在于他们未能掌握一种有效的学习方式。我个人以为最有效的吸收知识的时间是在课堂上。因为在学校上课时往往是你第一次接触新的知识,而我们人类普遍对第一次接受的事物具有比较大的持有能力。好比一首陈奕迅的歌,虽然张学友也唱得很好,但我们更习惯听陈奕迅唱,因为他是原唱。学习知识也是如此,当你在脑海里有了对于一个知识点错误的或者不完整的认识之后,要再去纠正和完善就会费力得多。也就是说,在新接触一个知识点时就尽量将其掌握是最有效的。这也是我一直以来上课特别专注的主要原因。事实也证明,不仅是在高中,而且在之后很长一段时间内,有效的课堂学习让我能够高效学习并取得优异的成绩。

一位北大优秀学子:重复是学习之母,要想把知识上的漏洞补扎实,就要不断重复。就拿记忆来说,心理学家经过研究认为,要真正记住新的知识和信息,一般人需要重复七遍以上才行。同样道理,对于一道错题,也需要不断重复地去做,仔细分析做错的原因,直到完全把它弄懂弄透为止。千万不要以为老师讲过一遍,自己也听懂了就一丢了之。

同学小张:好的学习目标和学习计划很重要。比如我的目标——要在期末统测中语文考80分(100分卷),制订计划如下:

1.选择题最多错3道,力争考24分(15道题目,每题2分,共30分)

2.语言综合运用题力争考21分(10道题目,共30分)

3.作文拿35分(1道题目,共40分)

以上三点实际上就把"我要在期末统考中语文考80分"这个大目标分解成了三个小目标,而每一个小目标又可以分解成许多更小的目标。例如第一个目标"选择题最多错3道,力争考24分"可做如下分解:

①遇到不认识的生字词，就去查字典，记住字形、字音、字义，抄在笔记本上，做好积累。

②把练习册、考试卷中做错的题目，或是重要的题目摘抄或剪贴在笔记本上。

③每上完一个单元后，自我进行一次测验，检测学习情况，时间安排在星期天上午。

第二个目标"语言综合运用题力争考 21 分"可做如下分解：

①早自习把课文中要求背诵的文章全部背出来，如果有多余的时间就去背摘抄本上的好文章。

②上课专心听讲，认真思考老师提出的问题，提高自己的思维能力。

③让语文老师帮我选购一本语文习题集。每上完一篇新课文，就要及时进行巩固训练，争取当天完成每课一练。

④加强文言文的背诵和翻译，力争每一篇文言文都能准确地翻译出来，另外还要有意识地多做一些课外文言文阅读训练。

第三个目标"作文拿 35 分"可做如下分解：

①请语文老师帮我选购一本优秀作文选。在每周三的第三节晚自习里，我从作文选中选择一个自己感兴趣的话题，进行思路训练，把构思的提纲写在作文本上，如果有时间就完整地写一篇作文。写完作文以后，才去阅读作文书上的优秀范文，借鉴别人的思路。如果觉得有特别好的语句，就把它们摘抄在笔记本上，再背下来。

②坚持写日记。注重有感而发，不注重字数。

③为了开阔视野，扩大知识面，在课余时间读一些诸如《读者》《青年文摘》《作文通讯》之类的杂志，遇到好的文章就摘抄并背下来。

智慧心语

让好习惯主宰人生

从前,有一个大型的图书馆发生了火灾,馆里所藏图书几乎被焚烧殆尽,但有一本不很贵重的书得以幸免。有一个能识几个字的穷人,花了几个铜板买下了这本书。书本身不是很有意思,但书页里面却藏着一样非常有趣的东西:一张薄薄的羊皮纸,上面写着点铁成金石的秘密。所谓点铁成金石,是一块能把任何普通的金属变成纯金的小圆石。小纸片上写着:这块奇石在黑海边可以找到,但是奇石的外观跟海边成千上万的石头没什么两样。谜底在于:奇石摸起来是温的,而普通的石头摸起来是冰凉的。这个穷人于是变卖了家当,带着简单的行囊,长途跋涉,终于找到了黑海。他露宿于黑海岸边,开始寻找点铁成金石。

他知道,如果他把捡起来的冰凉的石头随手扔掉的话,那么他可能会重复地捡起已经摸过的石头,而无法辨认真正的奇石。为此,每当捡起一块冰凉的石头,他就往海里扔。一天过去了,一个月过去了,他捡的石头中没有一块是书中所说的奇石。一年,两年,三年……他还是没找到那块奇石。但是,他不气馁,继续捡石头,扔石头……有一天,他捡起一块石头,一摸,是温的!他仍然随手扔到了海里,因为他已经养成了往海里扔石头的习惯。这个扔石头的动作太具习惯性了,以至于当他梦寐以求、苦苦寻觅的奇石出现时,他仍然习惯性地扔到了海里。

英国教育家洛克说:"习惯一旦养成之后,便用不着借助记忆,很容易很自然地就能发生作用了。"就拿那个穷人来说,他千辛万苦,苦苦寻觅,为的就是那块点铁成金石。可是当他找到后,他却随手扔到了海里,习惯性的动作使他做出了令人遗憾不已的蠢事。他多年的点铁成金梦,也像肥皂泡一样顷刻破灭了。

正如培根所说:"习惯真是一种顽强而巨大的力量。它可以主宰人生。"要拥有美好人生,必须养成一种好的习惯,让它服务于我们。

成长空间

分小组交流你在高中学习中积累下来的学习方法。在交流中借鉴一下其他同学的学习方法,看能否为自己所用。

身边故事

班会课上,老师请一些同学介绍学习方法,同学小王说:"要构建完整牢固的知识网络!一是在上新课的时候要认真听讲,把每一个知识点吃透;二是要做好'查漏补缺'工作。如果你的知识体系不慎出现了漏洞,你要'亡羊补牢',及时把漏洞补上。俗话说得好:'小洞不补,大洞吃苦。'怎样补?为每门学科准备一个错题本——专门用来搜集整理在平时学习、测验、考试中遇到的不会做的难题以及做错的题目的笔记本。这些题目就是你知识上的漏洞,你一定要格外重视,想办法把它们搞懂。"

反思讨论

1. 你怎么评价小王的学习方法?你觉得小王的学习方法适合你吗?

2. 你有纠错本吗?是主动纠错还是被迫纠错?你是怎么使用纠错本的?

3. 在平时的学习中,你还有什么好的学习方法呢?(填写在下方)

分享你的学习方法:

拓展延伸

常见的几种学习策略

1. 画线

画线有助于快速找到和复习课文中重要的信息。应首先注意在一个段落中什么是重要的,如主题句等等;其次,谨慎地画线,也许只画一到两个句子;最后,用自己的话解释这些画线部分。

此外,还有一些圈点批注的方法,与画线策略一起使用。①圈出不知道的词;②标明定义;③标明例子;④列出观点原因或事件序号;⑤在重要的段落前面加上星号;⑥在混乱的章节前加上问号;⑦给自己做注释,如检查上文中的定义;⑧标出可能的测验项目;⑨画箭头表明关系;⑩注上评论,记下不同点和相似点。

2. 做笔记

记笔记时,笔记本上不要写得密密麻麻的,不妨在笔记本的右边留出1—2寸的空地,除了笔记正文外随时记下老师讲的关键词、例子、证据以及自己的疑问和感想。这种方法不仅有利于在课外查阅参考书后做进一步充实完善,更重要的是有利于复习和创造。复习时,留白处老师讲过的某个生动的例子、实验、术语都会加深对正文的理解和回忆。

但是最有效的运用还应包括复习笔记,复习笔记的益处在于它能允许对材料的进一步精细加工和整合。因此,学生不仅要反复地看笔记,而且还要积极地思考笔记中的观点,并与其他所学的信息进行联系。

3. 提问

提问有助于学生学习课文、讲演以及其他信息。学生要不时地停下来评估自己对课文或老师的讲演的理解。例如,有的学生会这样对信息进行思考:这一新信息意味着什么? 与课文中的其他信息以及以前所学的信息有什么联系,或者他还可能用例子来说明这种新知识。比如,在学习"瑞士在国际关系中是一个政治中立的国家"这一信息时,优秀的学习者把这一信息和瑞士几个世纪来从未卷入战争的历史联系起来,并且可能由中立关系推论出瑞士作为世界银行的角色。

4. 写提要

写提要就是简短陈述所读信息的中心思想。这种策略的效果取决于学习者是如何使用它的。一个有效的方法是让学生每读完一段后用一句话做概括;另外一种方法是让学生准备一个提要来帮助别人学习材料,其部分原因是这种活动使得学习者不得不认真考虑什么重要、什么不重要。

5. 生成性学习

生成性学习是一种强调积极整合新信息于已有图式的理论。学生对信息进行心理操作,使之变成自己的东西。生成性学习策略是要教学生一些具体的心理加工新信息的方法。例如,可以成功地教学生对所学材料提问题、做总结和类比,教学生讲解他所听到的。这些生成性活动都有益于学生的学习和记忆。

我们逐字逐句学习课文中的材料时,其实并没有真正理解我们正在学习的东西。例如,为了应付考试中的名词解释而死记硬背某个定义,但一旦考试稍微把题型一变,还能答出这个题目吗?如果不是逐字逐句地学习课文中的信息,而是用自己的话解释这个定义,并且想出一些例子,那么是不是有可能更好地回答这个问题呢?

6. 图式—故事语法

图式是从过去经验中抽象出来的或者从教学中获得的认知结构,它能给新信息以意义,减少所要注意的事件的数量,从而使学习变得相对容易些。具体地说:第一,图式提供了一个新信息能适合的组织性的结构,金字塔式知识结构就很好地表现了这一点;第二,图式促使信息进入长时记忆,因为它能把新信息精细加工成一个意义的结构。图式能使人期望从新信息中获得什么。例如,我们知道,一个故事一般至少有一个主人公、一个冲突、一个开始、一个高潮和一个结果。这就是一种图式。

第三节 管 理

现实扫描

朱元晴,杭州第十四中学毕业生,以全国生物奥赛一等奖的优异成绩被保送至北京大学生命科学学院。

学习心得:学习,离不开科学有效的计划和管理。

我习惯做任何事情都有计划。从每天某某时间段干什么,到这个月整体目标是什么,都有清楚的记录。这能让我清楚地掌握自己的学习状态和进度,好好利用那些零碎的,容易被忽略的时间。但要注意定计划也同样应该适合自己。我以前常常把自己当"超人",计划安排的时间都是满满的,不考虑实际情况,结果发现计划的这点时间根本完不成任务,也降低了我继续执行的兴趣,往往容易半途而废。慢慢地,我发现不要把时间安排太满,可以稍稍修订一下严格的计划,或是把任务安排个上限和下限,让自己有个回旋余地。毕竟,我们的生活不是机器,因为每天有太多不可预测的事情,而太刻板规范的时间和任务安排只会让我们的计划彻底"破产",而没有任何规范和限制又会让我们每天的生活变得毫无目标,茫然而不知所措。所以,我们可以为自己制订一份有一定灵活性的时间表和计划书。

以学习英语为例。比如:在没有很大时间冲突的情况下,我根据自己的能力每天背一篇文章。若是有较大的时间冲突,比如身体不适、临时有事等等,我就给自己规定一个任务或时间的上限和下限。比如两天时间背一篇或者一个星期背三篇,这样我就可以让自己能够在时间和精力紧张的情况下继续坚持下去,而不会因为太刻板严格而无法完成的计划中断学习。当然这一切的执行过程还需要我们坚定的意志和勇往直前的决心和信心。

有了计划,我们就应该踏实地奋斗。许多人可以畅谈目标计划,但真正能有毅力用行动完成计划的人却屈指可数。个人的雄心壮志很容易被生活中的琐碎给磨灭,持之以恒,是一项磨砺人的考验。实际上计划的执行往往是通过我们灵活多变的方法坚持下来的,学习行动需要我们多动脑筋,多用手段,多想方法。在此,简单阐述一些我的具体学习行动方案。

1.自主学习。要能够认识到自己的薄弱学科,选择适合自己的辅导书,进行补习。同时,也要注意和老师的安排做到同步且有效互补。要灵活使用小块的时间,比如上下学在公交车上的一小时,可以背背单词,回忆回忆必要的公式,做到充分的利用。

2.善于在交流中进行合作学习。有不懂的要立即请教老师和同学,甚至那些自己已经懂的知识点,也要多听取别人不同的理解方式和解题思路,看看是否更为简单实用。多交流,不仅思路会更优化,而且对知识的理解也会更上一个台阶。

3.对那些容易错、容易失分的考点进行专项总结、训练。纠错本自然是必不可少的,很多同学也有。但我知道很多人是为纠错而纠错,把错题抄抄进去就算完成任务了,既不进行总结提升,更不进行消化反思。这样的纠错在我看来纯粹是浪费时间。我在纠错的时候,往往把错题分门别类地进行编辑,形成不同的知识模块,例如英语分冠词、动词搭配、介词、时态和语态……不同的专题。这样的纠错,不仅加深了我对题目的理解，更为以后查找、复习提供了方便。而且错题是精华，我经常带在身边，有空的时候就翻翻看看，以加强巩固。

4.对竞赛，也许有人会认为影响高考，可是在我看来，高考是竞赛的基础，竞赛是高考的自然延伸。我会在保证其他科目不受影响的情况下，挤出时间来搞竞赛，我高中3年的暑假，几乎都是在浙大或夏令营培训中度过的，为了竞赛，星期六星期天都要去学校看书。通过竞赛，我学到了很多学习方法，更是培养了我的意志力。我始终认为学习是相通的，竞赛为我带来了生命的转变，其本质是一种学习态度和学习能力的提升。

曾经看到过一个北大学生说过："我只是一个普通人，每天做着普通的事，只是，当我把一件件普普通通的事情做好时，才发现，北大已在我的面前。"我觉得确实如此。每个人都是平凡的，但每个人都能成就一段传奇。

故事链接

鸡窝里的小鹰

一只老鹰下了一个蛋，结果这个蛋掉进了鸡窝里，于是，一只老母鸡就把这个蛋孵了出来。当小鹰被孵出来后，第一眼看见的是母鸡，于是，它就把自己也当成了鸡，整天和老母鸡一起到处找食儿。后来，老鹰发现了这只小鹰，就对它说："你是一只鹰，不是鸡，你是可以飞的。""不！我是鸡，不是鹰。"小鹰断然否定。于是，老鹰就带着小鹰爬上了一座高山，站在山顶，老鹰又一次告诉小鹰，它是一只鹰，小鹰依然否认。这时，老鹰趁小鹰不注意，一下把小鹰从山顶推了下去，小鹰本能地张开翅膀扑腾起来，而就在这时，小鹰飞了起来。小鹰终于认识到自己是一只能够在天空中翱翔的雄鹰。

哈佛大学的老鼠实验

若干年前,罗伯特博士在哈佛大学主持一项为期6周的老鼠通过迷阵去吃干酪的实验。实验的对象是三组学生和三组老鼠。

他对第一组学生说:"你们太幸运了,因为你们将跟一群天才老鼠在一起。这种老鼠非常聪明,它们将迅速通过迷阵并抵达终点,然后吃到许多干酪。所以你们必须多买一些干酪放在终点喂它们。"

他对第二组学生说:"你们和一群普通的老鼠在一起。这群老鼠虽不太聪明,也不太愚笨,它们最后还是会通过迷阵并抵达终点,然后吃掉一些干酪,只是因为它们的智力平平,所以不要对它们期望太高。"

他对第三组学生说:"很抱歉,你们将跟一群愚笨的老鼠在一起。这群老鼠笨极了,因此它们的表现会很差,如果它们能通过迷阵到达终点,那是意外,所以,你们根本不用准备干酪。"

6个星期后,实验结果出来了。天才老鼠迅速通过迷阵,很快就抵达终点;普通老鼠也到达终点,不过速度很慢;至于愚笨的老鼠,只有一只通过迷阵,找到终点。

有趣的是,在这项实验中,根本没有所谓的天才老鼠与愚笨老鼠,它们通通都是普通的老鼠。

学生们当然不懂老鼠的语言,然而老鼠却知道学生对它们的态度。这项实验证明了态度的神奇力量。既然态度能产生神奇的力量,那么我们应当对学习、事业、工作、人生采取什么样的态度呢?记住:你的态度决定了你的成败。

观点碰撞

怎样执行计划

小马同学:时间的分配真的有点难啊,人的精力毕竟是有限的,精力分配的情况,直接影响学习的成绩状况。对我们高中生来说,首先要把精力放在学习和生活上,并适当以学习为主,而不是其他的方面,比如一些社会活动,虽然也有着一定的良好作用和意义,但毕竟不是学生的主要任务所在。至于其他的无益的活动,更不应该消耗精力。

小蒋同学:我的理综成绩较好,所以高三时5月份以后我就专攻平时比较差的英语,理综成绩想想总不会太差,结果呢,晕死,高考理综比预期低了40分,英语超级容易,唉,得不偿失。所以我觉得,在精力分配上,既要考虑到长处的发扬光大,又要考虑弥补不足,不能因为任何一方的利益而牺牲另一方面的精力分配,应该在保持长处更长的同时弥补自己的不足之处,追求和谐发展之中有特长,而不是和谐发展之中有不足。

小王同学:呵呵,要学会自我激励。在实施学习计划的过程中,会遇到顺利完成或遭遇失利的不同境况,如何乘胜而上或从头再来都需要点激励的作用。如果计划执行顺利,目标达成质量高,不妨来点奖赏激励,巩固成功体验,增强自信心。如果学习计划执行不顺利,目标没有达成,要小小地惩罚下自己,适当取消一些娱乐性活动,弥补目标没有按时达成所造成的时间损失,进行补救,并要在此基础上,加强自我鞭策,激励自己反败为胜的信心,鼓励自己从头再来。

小毛同学:学习目标不要定得太高,我上个月超级努力,原想努力努力年级名次进它个100名,可实际才前进了18名。看来,老师说掉掉容易上上困难没错的,目标要修正!但既然是学习的目标,就不能朝三暮四,不能"无志者常立志"!在自我管理中,确立一个稳定的、合适的目标是至关重要的,进行必要的目标修正也是客观上需要的。

李奇文学长:高二的我非常推崇当时盛行的成功学畅销书,特别是斯宾赛•约翰逊博士的《珍贵的礼物》,书中寻求人生第一桶金的年轻人在与老富翁的对话中得到了最重要的玫瑰秘诀,这是他一生都获益无穷的礼物——自信。于是,鉴于潜意识的无穷力量,我也曾试着每晚对自己重复

50遍"我一定行"。每天,我在便利贴上记下当日的学习任务,按时完成并留以记号,直至第100天。虽然在如此枯燥的实践过程中常常会产生动摇与放弃的念头,但信心支撑我走到了最后。撕完一本便签的那个学期,我取得了出乎意料的好成绩,于是更加坚定地相信目标与自信是不亚于勤奋的金石,就像现在的我,仍然朝着新的方向前进,自信并快乐。

智慧心语

自我管理是一种态度,体现了对自己的尊重和对生命的热爱。世界上也许没有比时间更珍贵的了。但是,人们对时间的利用则有天壤之别。一个人如果不能自我管理,没有进步,那么,他活一天与活一年本质上是没有区别的。那些处于被动应付状态中的学生则常常会出现上课走神、晚自修磨蹭等神形分离的现象。走神的时候,日子从天马行空的飘忽中过去了;磨蹭的时候,日子从拖拖沓沓的迟缓中溜走了。一个人有了自我管理能力,他就能分清什么是"石块",什么是"沙子",他就会用80%的时间和精力去做好最应该做好的事,再用20%的时间和精力去做其余的事。那么他就会因生活的丰富而增加生命的长度和厚度。

自我管理是一种力量,可以使人变得积极主动,变得不可战胜。学习中只有你能自我约束,你才会专心致志,才会有笨鸟先飞的精神;生活中有了自我约束,才能创造幸福人生。一个人要想实现自我、超越自我,必须经常性地处于主动、积极进取的状态。这样的人,一定是一个勤奋的人,而一个勤奋的人,必定会抓紧一切可以利用的时间进行有效的学习。有些同学在家生活由父母做主,在校学习由老师当家,自己只是处于一种被动状态。对于各门学科的学习现在处于什么状态,同一门学科中每一部分内容的掌握情况如何,自己不清楚。对于作业练习,只求完成,不求真正弄懂,这样的学生或许每所学校都有。生活告诉我们,你选择了怎样的行为,也就选择了怎样的结果。一流的人在为明天的事做准备，二流的人在为今天的事赶速度，三流的人在为昨天的事赶进度，四流的人在为前天的事懊悔。同学们，增强自主意识，做到自主发展，只有这样，我们才能让自己变得更好！

自我管理还需要同学们懂得更好地规划自己，发展自己，自我管理的背后，体现了每位同学的智慧、态度、价值观。当你有明确的目标，能管理好自己的时间，你就向自己的成功迈进了一步！

成长空间

为自己制订一份小小的人生规划。针对自己的规划，写下执行规划时可能遇到的困难，以及克服这些困难的方法。

身边故事

周日，李同学本打算 9 点开始做数学、物理，之后写篇议论文，下午背英语单词，晚上和父母去超市逛逛，有时间再看点书，早点休息。

早上，他坐到书桌前已经 9 点 15 分左右了，无意间发现报纸上的彩图十分醒目，便情不自禁拿起来看，不知不觉等看完报纸已经快 10 点半了。好不容易要做作业了，可同学打来电话，刚开始他还想打断，可后来就忍不住聊了很长时间。午饭后，他以为可以开始专心做作业了，可眼皮开始打架，就去躺了一会儿，没想到一觉醒来已是下午 3 点多。吃完晚饭，他开始匆匆地赶作业。很晚了，他打起了哈欠……

反思讨论

1. 李同学的情况，在你身上出现过吗？他的自我管理出了什么问题？

2. 怎么帮助李同学改变这种状况？你有什么好的想法和建议吗？

3. 结合自己的实际生活，谈谈如何进行自我管理，提高效率。（填写在下方）

如何管理好自己的时间：

旁征博引

学生健康发展的关键在于学生自身的精神状态，即学生的自我管理、自主管理。
——苏霍姆林斯基

目标的达成要靠坚定的信念、坚强的毅力和实干，还要靠目标管理，靠合理的计划安排和科学的方法。
——刘善循

拓展延伸

我现在就付诸行动

我的幻想毫无价值，我的计划渺如尘埃，我的目标不可能达到。

一切的一切毫无意义——除非我们付诸行动。

我现在就付诸行动。

一张地图，不论多么详尽，比例多么精确，它永远不可能带着它的主人在地面上移动半步。一个国家的法律，不论多么公正，永远不可能防止罪恶的发生。任何宝典，即使是我手中的羊皮卷，永远不可能创造财富。只有行动才能使地图、法律、宝典、梦想、计划、目标具有现实意义。行动像食物和水一样，能滋润我，使我成功。

我现在就付诸行动。

拖延使我裹足不前,它来自恐惧。现在我从所有勇敢的心灵深处,体会到这一秘密。我知道,要想克服恐惧,必须毫不犹豫,起而行动,唯其如此,心中的慌乱方得以平定。现在我知道,行动会使猛狮般的恐惧减缓为蚂蚁般的平静。

我现在就付诸行动。

从此我要记住萤火虫的启迪:只有在振翅的时候,才能发出光芒。我要成为一只萤火虫,即使在艳阳高照的白天,我也要发出光芒。让别人像蝴蝶一样,舞动翅膀,靠花朵的施舍生活;我要做萤火虫,照亮大地。

我现在就付诸行动。

我不把今天的事情留给明天,因为我知道明天是永远不会来临的。现在就去行动吧!即使我的行动不会带来快乐与成功,但是动而失败总比坐而待毙好。行动也许不会结出快乐的果实,但是没有行动,所有的果实都无法收获。

我现在就付诸行动。

立刻行动!立刻行动!立刻行动!从今往后,我要一遍又一遍,每时每刻重复这句话,直到成为习惯,好比呼吸一般,成为本能,好比眨眼一样。有了这句话,我就能调整自己的情绪,迎接失败者避而远之的每一次挑战。

我现在就付诸行动。

现在是我的所有。明日是为懒汉保留的工作日,我并不懒惰;明日是弃恶从善的日子,我并不邪恶;明日是弱者变为强者的日子,我并不软弱;明日是失败者借口成功的日子,我并不是失败者。

我现在就付诸行动。

我渴望成功、快乐、心灵的平静。除非行动,否则我将在失败、不幸、夜不成眠的日子中死亡。

成功不是等待。如果我迟疑,她会投入别人的怀抱,永远弃我而去。

此时。此地。此人。

我现在就付诸行动。

（作者：奥格·曼狄诺）

第 二 章

厚 积

如果不够渊博，那就阅读吧，广泛涉猎，学识终有一天会丰富起来；如果尚有不足，那就借鉴吧，博采众长，能力终有一天会增长起来；如果存有疑惑，那就贯通吧，融会贯通，灵气终有一天会生长起来。懂得厚积薄发，就快点在口袋里装满学识和才能吧！那样虽不能改变人生的长度，但可以改变人生的宽度；那样虽不能改变人生的起点，但可以改变人生的终点。

第一节　阅　读

现实扫描

《朗读者》豆瓣评分 9.4　这才是央视正确的打开方式

董卿感慨:"我当了 21 年主持人,而今仿佛回到了起点。《朗读者》中的'朗读'二字重文字,'者'字重人。我们要展现有血有肉的真实人物情感,并感动于他们让我们遇见了大千世界。我对于一档有着人文精神的电视节目的追求,终于要实现了。"

《朗读者》每期根据主题,回顾古今诗词、文学经典、电影桥段,通过人们饱含深情的朗读,以舞台视觉语言辅助呈现,让观众恰如其分地感受文学的力量,引发共鸣,感受文学之美、声音之美、情感之美。用朗读传达情感,让文学中的"情感"成为人与人之间的联结,让文学回归生活语境。将文字和个人的情感紧密结合,朗读者的情感故事和朗读内容在情感串联上完成统一,带给观众一场文学与情感"碰撞"的盛宴。

以朗读和访谈为核心的节目内容,加上经典音乐艺术的加持,《朗读者》首播之后,在一众以颜值为看点的真人秀,以犀利吐槽为主旨的综艺节目中脱颖而出。这几天,观众、网友都在安利央视这档口碑爆棚的新节目。

董卿的好友娄乃鸣导演也向董卿用两个字"惊了"来形容第一观感,他盛赞道:"就是完全没有套路的一个节目,哪里请来的大神。在不经意间流露美和旺盛的生命力真好。"

网友和观众纷纷赞扬："终于不用每周打开电视,看到的都是低俗的喜剧和综艺节目了。""央视越来越给力了,从《成语大会》到《诗词大会》,再到《朗读者》,真心为我们做好节目啊!""每个周末准时看电视,感谢节目让我们得以享受一场精神的盛宴。"

当下,碎片化阅读成主流,深度阅读日渐式微。尽管超过半数的人表示,非常愿意"拿一本纸质图书阅读",但当强大的社会生存压力迫使人们的精力向工作倾斜,花在阅读上的时间仍不可避免地骤减。这未必全然归因于人们对文学价值的忽视,主流媒体在阅读氛围和倡导文化价值的职能上也存在缺失。

在这样的社会现实和需求下,文化类节目迎来了绝佳时机。在满屏的娱乐类综艺节目中,文化节目相继涌现似乎是一种时代的必然,也是一种价值的回归。当观众的眼睛被娱乐填满之时,自然会产生新的需求——对自我、对世界产生疑问,寻求答案。优质的文化节目也就适时而生。

"你有多久没有朗读了?""很久了吧。"这是董卿在《朗读者》制作人札记中的知而设问。在我看来,这样的知而设问还有很多。比如,"你有多久没有写信了?""你有多久没有读纸质书籍了?"……答案想必都是一样的——"很久了吧。"现实的生活往往鸡零狗碎,能拿出来安静读书、读诗、写信的时间越来越少了。人们的眼睛在被满屏的娱乐节目充塞得满满之时,表情是哈哈大笑,内心却是空空的。这也是《朗读者》这类文化类节目让我们如此推崇的原因。

人间情感突显文学之美,人文情怀加深节目厚度。在书信、诗词、文章的背后,那些故事和情感,总能带给我们心灵上的共鸣。

(文章有删减,来源:中国青年网)

观点碰撞

"两会"代表、委员对阅读的观点

朱永新：借鉴国际经验建立国家阅读节

建议尽快由国务院法制办通过，并且报请全国人大批准，将9月28日作为国家阅读节（日）。在这一天，全国各地通过举办各种内容丰富、形式多样的阅读活动，形成全民阅读的高潮。建立国家阅读节有许多特别的意义，一是可以唤起全社会对于历史先贤和优秀传统文化的重视；二是可以加强与我国港澳台地区的交流与互动；三是可以凝聚社会的正能量，通过阅读更好地处理个人与社会、义与利等关系；四是还可以更好地提高科学决策的水平和工作的效率。

王涛：阅读立法关乎国家进步、民族提升

凡是文明的、在现代化进程中走在前面的国家，都对阅读有立法，美国、俄罗斯等都有，中国也应该有。阅读关乎到一个国家的进步、民族的提升，国民不读书，这个国家将来没有希望。

聂震宁：让每个人都能享受阅读乐趣

全民阅读，不是精英阅读，也不是学生成长阅读，而是让每一个角落的人，无论年老或年轻，患病或健康，贫穷或富有，都能享受阅读的乐趣。

黄友义：全民阅读立法要配套鼓励措施

我认为要通过多种手段来实现，一是呼吁立法，多个地方已经实现了，但最好是全国性的立法；另外就是需要一系列具体的鼓励措施，比如说知识竞赛、读书比赛，要开展很多有意思的活动。还要注意的是，读书并不等同于只读纸质书，还要与新媒体结合起来，吸引年轻人的阅读兴趣。

廖华歌：媒体担纲引领读书

推动全民阅读，不仅是政府的责任，媒体、家庭、学校、个人等都要行动

起来,同时还要探索形成一种长效机制,把阅读作为一种生活方式,内化为我们的精神力量。这其中,媒体的作用很关键。把全民阅读作为国家战略,是我们建设文化强国的需要,更是实现中华民族伟大复兴中国梦的需要。

(来源:《中国出版传媒商报》)

智慧心语

书是我们的知心好友。当沐浴在灿烂的阳光中,膝上摊开一本书,闻着纸上散发着的油墨清香,旁边放上一杯清茶,听风吹开书页的沙沙声,我的心里充满了快乐。在我孤独的时候,书陪伴着我,使我感到温暖;在我伤心时,书使我感到快乐,让我感觉世界是那么有趣。

真正的读书源自内心的热爱,这份爱纯粹天然,就像向阳花总是追寻太阳,不为名利,听从的是心的召唤,正是这份爱让人无论何时何地何种境遇都能嗅出书的馨香,都能在孤独中以温情的手指在书的页面上摩挲不止。在主动碰撞的激情中,书中的人与事,作者的理念智慧与我们的经历体会思想情感互动沟通,相鸣相和。日子长了,我们便获得了对生命对人生最深切的认知与感悟。

“最是一年春好处,劝君惜取少年时”,年少聪敏的头脑、深远持久的记忆和渴望求知的心灵,是上天赐给少年阅读的最好礼物。我们的同学正是处在这个黄金时期,因此要充分发挥自身优势,争做阅读先锋。除了熟悉我们的课本和参考书外,我更希望我们的学生涉猎广博、博闻强识。你可以多读些人文社科的书籍,让你收获丰富的阅历、拓展人生的宽度;多读些自然科学的书籍,让你开启高深的境界,激发创新的火苗。

少年们,时不我待,何不抓住这次全民阅读的机会,积极参与,从自身做起,多读书、多看报、少吃零食、少倦怠,为实现少年智则国智,贡献出自己的力量。

成长空间

找时间读书：每天总空出一小段时间来读书，哪怕就读那么几页，坚持下来就能读完一本。

随身携带一本书：如果你不想把等车的时间拿来睡觉，那为什么不读读书呢？

列一份读书清单：列一份关于你想读的书的清单，看完了就从清单中清除，加入新的。推荐使用豆瓣，你可以列出自己想读的书，正在读的书，还有读完了的书，最重要的是豆瓣还可以根据你的读书习惯推荐一些书给你。

身边故事

在同学们眼里，手机已不是接打电话、收发短信的工具，上网、游戏、拍照、看电子书……手机俨然已成为他们演绎精彩生活的必需品。近日，记者采访了石家庄10名中学生（3名初二学生、3名初三学生、3名高二学生、1名高三学生），在"不提学校、不提姓名"的承诺下，他们介绍了自己和周围同学真实的手机用途，以及对手机的依赖。

每堂课都有同学用手机，这是10名同学都认可的说法。让人吃惊的是，有一个同学坐最后一排，整个学期一直都在拿手机看电子书。"有没有上课一直玩手机的同学？"3名初二的学生异口同声地回答："有！"3个人同时想到了他们那个上课看电子书已经达到"骨灰级"水平的同学。"上哪一科，她的桌子上就摆着哪科的书，特别端正。她把手机放到书桌抽屉里，一上课她一只手抓起手机，放到身体斜前方，腰这个位置，略微低下头，好像是在看书，其实是侧着头看腰斜前方的手机。""最令人叫绝的是，一堂课，她都一动不动，只有拿手机的手不断地往下按翻页。"在别的同学眼中，这名女生上课看电子书的"功力"已经到了炉火纯青的地步，一个学期，也不知道她用手机看了多少部电子书了。

反思讨论

1. 这个"骨灰级"水平的同学为什么选择用手机阅读呢？你在手机上阅读电子书吗？

2. 在课堂上用手机看书，显然是不对的，你将如何劝说该同学？

3. 推荐一些高中阶段值得读的、有意义的书籍。（填写在下方）

推荐书籍：

旁征博引

读书使人心明眼亮。 ——伏尔泰

饭可以一日不吃，觉可以一日不睡，书不可以一日不读。 ——毛泽东

书籍是造就灵魂的工具。 ——雨果

拓展延伸

看世界各国家长如何培养孩子的阅读习惯

不读书或者不爱读书不仅仅是影响一个孩子的人生，从长远看，对整个人类的未来都会产生非常不利的影响。要改善这种情况当然需要各方的努力，然而经教育学家调查并分析，父母的言传身教能起到至关重要的作用。

美国父母：请为孩子大声朗读

在观察那些阅读量较大的孩子时，发现对于年幼的孩子（6 岁至 11 岁）

来说,经常听父母大声朗读,并限制上网时间,那么他们阅读的时间和次数就多。"这是个令人惊奇的发现,很多家长认为,一旦孩子开始独立阅读,他们就算大功告成了。然而实际上,在孩子的整个小学阶段坚持给他们朗读,真的有助于培养其热爱读书的习惯。"许多受访的孩子都认为,听父母朗读是一段特殊的亲密时刻,它在孩子的习惯养成和成长过程中扮演了非常重要的角色。美国儿科研究院也在去年夏天宣布了一项新政策,建议所有家长在小孩出生后给他们朗读。给孩子朗读不仅能够让他们接受复杂语言的熏陶,其真正的价值在于帮助他们掌握各种话题的背景知识。"要实现这一目标,不见得一定要给孩子朗读,"哈佛大学教育研究生院教授凯瑟琳·斯诺说,"花上两分钟时间跟孩子谈论电视、杂志或你自己正在阅读的书籍上出现的某个话题,也能产生与大声朗读同样积极的效果。"爱读书的孩子通常来自拥有许多书籍,父母都喜欢读书的家庭。

美国学校:增加独立阅读时间

而对那些年龄较大的(12岁至17岁)孩子来说,除了来自父母生活氛围的影响外,在校期间有更多的独立阅读时间,他们更有可能为享受乐趣而频繁读书。尤其是对低收入家庭的孩子来说,在校阅读的这段时间或许尤为重要。这些孩子报告说,相较于在家中,他们更有可能在学校享受读书的乐趣。

日本政府:重视儿童和青少年刊物的出版和发行

日本政府认为,读书对儿童学习语言、培养审美、提高表现能力、丰富创造力和拓展人生感受的作用必不可缺,因此他们十分注重未成年人的阅读兴趣的培养。2001年,日本政府出台《关于推动儿童读书活动》的法律,并将每年的4月23日设为日本的"儿童读书日"。不仅如此,他们还颁布了推进儿童读书活动基本计划,每五年修订一次,从国家战略的高度来培养孩子爱好读书的习惯。日本几乎所有的学校都设有阅读角、阅览室,每个孩子每天都能拥有1—2个小时的自由阅读时间,并且日本十分重视儿童和青少年刊物的出版和发行。

日本社会:营造爱读书的氛围

正因为此,日本社会整体的爱好读书的氛围非常浓厚,日本大部分书店生意很好,不论什么时候去逛,总有人排队结账。而在地铁或者街边等车的时候随处可见到看书的日本人。日本公共团体也对促进儿童读书做出了很大贡献。公益组织"儿童读书推进会议"每年举办"儿童读书周"和"绘本世界"活动。各地还有数千个志愿者团体帮助儿童培养阅读习惯,包括开设"放学后少儿阅读教室"、援助学校图书馆等。所以即使是在20世纪80年代,就文盲率而言,日本不到1%,而美国是20%。

丹麦:为儿童创造良好的阅读条件

丹麦人热爱读书的传统,也与当地政府、社会注重创造良好的阅读条件密不可分。几乎所有的丹麦图书馆都设有专门的儿童图书和阅览区,阅览区内设有沙发,还有少量玩具,小朋友看书累了,可以玩会儿玩具休息一下。除此之外,在社区服务中心大厅、社区医院或者牙医诊所等相关网站,都有专门为小朋友们准备的各种绘本和图书。

(来源:中国教育在线)

第二节　借　鉴

现实扫描

抄作业的 n 种比喻

某天早自修，某同学被老师发现在抄别人的作业。面对老师的质问，该同学回应："抄作业不叫抄！语文上说是借鉴；数学上叫类比；英语上叫 copy；地理上是迁移；生物上是转录；物理上是参照系；化学上叫同分异构体；政治上叫求同存异；历史上是文化大统一……"

两种不同的心态

有些同学自负过头，尤其表现在一些学习较好的学生身上，自认为了不起，以为自己是"林中之王"，目空一切，常常认为"我比周围的人都聪明，因此我完全不用理会别人说什么"，老师的建议不听，自搞一套，同学的发言不听，固执己见，不善借鉴。又有些同学学起"东施"来，觉得自己哪里都不行，盲目仿效同学的打扮，跟着同学听一样的流行音乐，学同学出国留学……总之是竭尽所能复制别人的成功之路。

故事链接

我校社团在杭州市第一届中学生商业模拟挑战赛上荣获佳绩

2017 年 3 月 11 日至 12 日，由我校康桥校区经济学社高一(1)班王浩、余奕霖、王逸豪,高一(3)班詹天昊,高一(4)班祝昀森、王纪元、杭嘉琪,高二(11)班詹刘嘉组成的商赛代表队参加了在杭州外国语学校举行的杭州市第一届中学生商业模拟挑战赛。

MicroBiz! 区域赛赛事,继承全国赛事的精髓,同时接轨海外商赛赛制赛程,商赛同学通过模拟企业经营,组成公司管理层,成员分别担任首席执行官及市场部、产品部、投资部的决策性职位(4 人一个公司),在模拟设定的情境中,完成一系列综合的企业运营任务。在公司的模拟运作中学习商业知识,运用商业理论,理解时长规律,提高商业专业技能;在团队的高压合作中,学习有效沟通,培养责任意识,提升领导力,锻炼计划和执行力。此次区域赛有浙江省内多所双语学校、重点高中共 42 支代表队参加了此次比赛。

我校学生在第一财年中即表现出卓越的领导能力和较高的学术水平,在较短时间内冷静处理形势变化并及时确定发展战略和财年目标,设计出的"自适净水器"蝉联全场两期财年价值第一,而"概念空调"也在展销环节成为全场的亮点及各参赛队对于科创产品的思维启发点。

经过紧张的商战后,最后我校代表队荣获包含个人优秀首席执行官、优秀投资总监、优秀产品总监及全场唯一的最佳产品总监,团队奖包含杰出公司等。

(来源:杭州第十四中学校园网)

高中生怎么关心起农药来了? 杭十四中开 STEAM 课程

去年教育部出台《教育信息化"十三五"规划》,要求探索 STEAM 教育(STEAM 教育最早由美国提出,意为关于科学、技术、工程、艺术以及数学的教育,该单词由每个学科的首字母组成)。STEAM 对于很多学校来说,其实还是个新概念。杭十四中这学期把 STEAM 纳入了课程计划,并在高一、高二开设选修课。半学期学下来,学生们还有些"新发现"。日前,学校专门搞了一次项目答辩会,学生的新发现让老师大呼"意想不到"。

以前,为了防植物病和害虫,农户会在庄稼上喷洒有机氯农药。这种农药由于稳定性强,残留土壤中不易降解,已禁用多年。"我们想用黑麦草处理有机氯农药残留。"高一(3)班学生汪成说,过去常用紫花苜蓿处理这种农药,但紫花苜蓿生长周期长,相比之下黑麦草更经济,根须长,富集农药效果更好。

汪成在学校开辟了一块地种黑麦草。"已经种了 20 天,土壤样本已送实验室检测,效果还不错。根据数据建模,如果黑麦草种植期达到60—70 天,应该可以一次吸收一个单位面积土地中 78% 的农药残留。"

类似的"新发现",十四中的学生还做出很多。答辩现场,学校还邀请了国际部高三学生和参加过国际比赛的学生做评委,问辩双方一来一回,探讨的问题都十分专业,这也让现场观看的校长邱锋很兴奋。"没想到学生的研究如此深入。"邱锋说。学生展示的项目中很多知识超出了高中教学范畴,他们自主查阅文献,还能动手,重要的是这种主动探索精神是发自内心,而且每个项目中还融合了科学、技术、工程、数学、艺术等知识,这也是 STEAM 的魅力。

据了解,目前十四中 STEAM 课程有两位物理老师,数学、生物、化学、信息老师各一位。化学老师汤小梅说:"STEAM 和其他课程不一样,它需要融合多学科知识,所以很难由一位老师完成教学,我们采用'自下而上'的方法,志同道合的学生组成一个团队,自主开发一个项目,老师主持开题讨论项目的可行性,然后自主完成。"

(来源:《杭州日报》)

观点碰撞

引进海外模式是好事吗

●必须要借鉴和吸收世界优秀文明,因为对文明的继承和创新要求我们面向世界,博采众长。

●我们不但要借鉴和吸收国外创造,还要发挥我们的特色和优势,努力实践,坚持实践是检验真理的唯一标准,批判继承,古为今用,推陈出新,革故鼎新,取其精华,去其糟粕,这样我们才能够实现中国创造。

●李白《将进酒》"陈王昔时宴平乐,斗酒十千恣欢谑"借鉴曹植《名都篇》"归来宴平乐,美酒斗十千"。王勃《送杜少府之任蜀州》"海内存知己,天涯若比邻"借鉴曹植《赠白马王彪》"丈夫志四海,万里犹比邻"。我们都不会因此而否认李白和王勃的才学。所以引进海外的成熟模式,并不影响我们自身的实力。

●日本人在这一方面做得真是绝了,只要听说哪个国家有什么新创造,他们定会不惜重金,把它引到国内加以研究,对它开发,最后利用自己的智慧加以改进。这样的产品一经投入国际市场,绝对供不应求。日本就是凭借着这种"借"的本领,使一个弹丸之地让许多国家刮目相看。

●一个人若想成功,巧借他物是必然的。同样,一个民族一个国家要想强盛,也应当学习借鉴别人的先进技术和经验。中国,一个原本站立于世界之巅的国家,却因为闭关锁国成了列强口中的肥肉。在西方舰炮的轰击下,腐朽的清政府也有人喊出了"师夷长技以制夷"的口号。中华人民共和国成立之后,明智的中国人更加明白了"巧借它物,补己之短"的重要性,于是改革开放、吸引外资成了中国发展的催化剂。中国,凭借自己古老的文明,凭借中国人的不懈奋斗,凭借发达国家的先进技术,必将再一次成为亚洲乃至世界的雄狮!

(来源:网络)

智慧心语

没有礁石,大海便没有了激昂澎湃的浪花;没有沙粒,河蚌便没有了光亮美丽的珍珠……万物之美丽,都要借助于他物的支持或衬托;万物之精华,无不是自己与他物精美绝伦的结合。因此,我要说:"善于借鉴,以铸辉煌。"

上帝是公平的,他在造物的时候会给予每个人同等的东西,但不一样。这就需要我们学会借鉴,借人之精华,融己之智慧与美丽,以铸造人生的成功与辉煌。

千古江山,百代风流,大江淘尽后浮在水面上的名姓与容颜,依旧生动,依旧璨若群星。坐在车上踽踽而行的是孔老夫子,他高唱着"三人行,必有我师焉",马鞭一指便向世人道出了行路者的智慧所在;韩愈不与世俗同流合污,一篇《师说》便让学习借鉴的美德流传千古;大唐盛世,唐太宗高吟着:"以铜为镜,可以正衣冠;以人为镜,可以明得失;以史为鉴,可以见兴替。"世人用赞誉和敬仰的光环将他们环绕,依然光亮的是古人们善于借鉴和学习的品质。

回首清政府闭关锁国,愚昧无知,拒人之精华于千里之外,终落得"山河破碎风飘絮",泱泱大清在外国的"精华"中风雨飘摇。回溯孙中山怀抱一腔救国之情,学习西方民主借鉴西方精华,虽最终失败,却给中国即将倒下的屋梁注入了不屈与刚强。面对孙中山的救国之路,谁能否认借鉴的力量?

中华民族五千年的历史是一首开放之诗,朗诵着民族振兴的渴望;是一曲借鉴之歌,奏响了中华民族新的篇章!听,中国加入世贸组织的欢呼与喜悦;看,北京伸开双臂迎接奥运的光芒与欢乐。中法文化年让中华文化融入了新的精神与精华;二十国集团领导人杭州峰会以"构建创新、活力、联动、包容的世界经济"为主题,给全世界留下了深刻的印象……

中华之巨龙正腾空而起,这便是借鉴与自强结合的力量铸就的辉煌。

成长空间

和父母亲戚交流对方所从事的行业的现状,留心观察,不断思考行业发展的症结和动力。或者找自己所感兴趣的行业的相关人员做交流,在学习过程中进行科创研究、实践活动。

身边故事

早自修还没开始,教室里才到了没几个人。王同学走进教室坐定后,就向坐在后排的张同学小声地说了一句:"把你的数学作业本给我,让我看看!"张同学为难地说:"别看了,老师马上就来了。""就是看看,那么小气干吗,有什么了不起,不给就不给。"王同学满脸不高兴地又转向前排的李同学:"把你的给我看看,看一道题,马上就好。"李同学拿出自己的数学作业,甩给王同学,说:"拿去,别让老师看见了,快点还我。"王同学拿到作业本,疯狂地抄了起来。

突然,一双手果断从王同学的桌上抽走了两本数学作业本,王同学貌似无辜地看着那双手的主人——班主任:"我只是参考一下,抄完我会再消化的!"……

反思讨论

1.王同学做的事,你做过吗?你在什么情况下会做那样的事?

2.抄作业算是一种"借鉴"吗?"借鉴"到底是什么?当下社会频现"抄袭门",你如何看待这其中的问题?

3.如何坚守高中既平凡又不平凡的任务——"自己的作业自己做",谈谈你的想法和做法。(填写在下方)

你的想法：

你的做法：

旁征博引

如果一个人不知道他要驶向哪头，那么任何风都不是顺风。 ——塞涅卡

吾尝终日而思矣，不如须臾之所学也。吾尝跂而望矣，不如登高之博见也。登高而招，臂非加长也，而见者远；顺风而呼，声非加疾也，而闻者彰。假舆马者，非利足也，而致千里；假舟楫者，非能水也，而绝江河。君子生非异也，善假于物也。 ——荀子

打算借鉴别人经验的人如果没有掌握激励创造精神的那种思想，那么就无法接受别人的经验。只有当他在自己的工作中和同事们的工作中觉察和思考了各种现象之间的依存关系，并且去探索新的东西，考虑怎样改善自己的技巧时，他才能理解别人经验里包含的思想。运用别人的经验，从来就是一种创造性的工作。 ——苏霍姆林斯基

拓展延伸

何谓借鉴

《现代汉语词典》(第 7 版)对"借鉴"定义如下：跟别的人或事相对照，以便取长补短或吸取教训。《淮南子·主术训》："夫据干而窥井底，虽达视犹不能见其睛；借明于鉴以照之，则寸分可得而察也。"高诱注："鉴，镜也。"北

齐刘昼《新论·贵言》："人目短于自见,故借镜以观形。"后因以"借鉴"或"借镜"比喻把别人的经验或教训借来对照学习或吸取。

借鉴之美

借鉴,是引发我们自身潜能的导火索,一旦点燃,将给世人以惊艳。

自然美需要"借"。紫藤萝和牵牛花是凭借枯树和篱笆而展示妩媚之姿的,否则只能匍匐在地,被人践踏。水有了沉稳的大山做背景,更显出它的灵动,山有了灵动的水的缠绕,更表现出了自己的沉稳。山水环绕,山水倒映,多么令人神往和心动的画面啊!苏州园林是世界闻名的人工园林,巧妙运用了"借景"的手法,赢得了游客的赞叹。简简单单,或借远山做背景,或借青苔乱石做屏障,把原来似乎煞风景的东西充分利用起来,取长补短,把两者内在的优点呈现出来。

人生也需要"借"。康德说:"人只有生活在人群中才是个人。"如果你缺少美丽,你可以借一缕色彩点缀自己;如果你缺少韧性,你可以借一支长竿支撑自己;如果你缺少温暖,你可以借一丝阳光照亮自己。

站在历史的泽畔,回溯那一道道波纹,不禁感叹,有多少帝王将相靠着借鉴成就其盖世伟业。蜀国丞相诸葛亮,一借新野奠定三国鼎立之势,再借迷雾借箭十万气周瑜,三借东风火烧赤壁击退曹孟德。写就了"史家之绝唱,无韵之离骚"的司马迁,擅长以史为鉴,用历史感动着一代代的华夏儿女,再现了一代史学雄风。

国与国之间也需要"借"。世界贸易发展就是一个铁证。越来越多的国家认清了这一事实:即使自己的国家自然资源丰富,但仍有不足之处。何不用自己的优势去和其他国家的优势进行交换,来补足自己的不足呢?这正是如今国际贸易日益发展的根本原因。

当然,"借"也有另类。古有方仲永,凭借"聪明"炫耀于乡里,而终"泯然众人矣";今有成克杰凭借职权,利己谋私,深陷囹圄。

现在的我们,正沿着山路,向顶峰攀登。正在凭借知识和涵养向目标迈进,正在用知识和涵养来编织我们绿色的希望,正打算翱翔于蓝天。我们用自己的努力和坚持去换取一个未来,让我们借鉴别人的长处来圆我们的梦想,别人因我们而活得更加精彩!

第三节　贯　通

现实扫描

2017 年"两会"议案说高考取消英语科目，你怎么看

"两会"期间，全国人大代表、中国宇华教育集团董事局主席李光宇（旗下拥有原北大附中河南分校、原河南理工大学万方科技学院等 24 所学校，据称是全国规模最大的民办教育集团）提出议案，建议高考取消英语科目，把中小学生的英语必修课改为选修课。他的理由主要有三条：

理由一：小学三年级到高三，十年中近五分之一的时间花在英语上。

李光宇说，他在走访中发现，中部省会城市中小学生每天在学英语上付出了相当多的时间：把上英语课、早读、自习、写作业、课外辅导的时间加起来，小学生大约每天要花 1 小时学英语，初中生 1.5 小时，高中生 2 小时。从小学三年级到高三毕业，每个学生至少要在学英语上花费 5292.5 个小时。如果按照每天 8 个小时的学习时间来计算，在一个孩子最美好的 10 年时光里，竟然将近五分之一（18.13％）的时间都花在了英语上。

大量学生反映，除了上课学习英语、课下复习和作业，许多家长都为孩子报名了英语补习班。课外补习占据了学生原本就有限的课外活动、休闲娱乐时间，不仅使学生感到负担沉重，甚至也影响了睡眠和休息。

理由二：中国孩子一年学英语的花费能发射 204 艘神舟飞船。

事实上,对英语学习的过度重视和追求使大量家长给孩子报名课外英语补习班,也加重了家庭经济负担。

2015年少儿英语领域消费调查数据显示,为孩子报英语辅导班花费5000元以下的家庭占59.77%,花费在5000—10000元的家庭占17.64%,还有9.14%的家庭花费在2万元以上。

据教育部最新统计数据显示,全国共有小学、初中、高中在校生1.6378亿人,就按人均在学习英语上的总花费只有1000元计算,中国孩子一年为英语必修课要消耗掉1637.8亿元。发射一艘神舟飞船预算不过8亿元,三峡工程全部投资也才1800亿元,为了学英语,中国人每年消耗掉的钱至少能投资0.8个三峡工程、发射204艘神舟飞船。

理由三:以高考为导向的英语学习是资源浪费。

李光宇表示,尽管投入了大量的财力和时间,但我国青少年学习英语的效果却并不理想。英孚教育发布的《2016英语熟练度指标》显示,中国整体的英语熟练度水平仍然处于中低水平。"大量学生在经过了10年以上英语学习之后,依然无法熟练使用英语交流,也无法阅读英文书籍和文献。"对于这种情况,李光宇非常忧心。

而且,大多数不以英语为职业技能的人,英语只是高考的"敲门砖",离开校园后迅速遗忘,曾经为学英语而付出的时间、金钱和精力成为一种资源浪费。在李光宇看来,英语在小学、初中、高中阶段作为必修课,强制性"一刀切"地学习英语是高考指挥棒下一切向分数看齐的必然结果。"作为语言工具,英语的学习应以应用为导向,而非以应试为导向。以高考为导向的英语学习效果不佳,并无必要。"李光宇补充道。

对此,李光宇建议改变英语"高考必考、中小学必修"的地位,将英语学科从高考必考学科改为选考,从中小学生必修课改为选修课,提升学习效率,减轻学习负担。

之后,全国政协委员、新东方教育集团董事长俞敏洪直言"取消英语考试这个建议有点仓促,甚至比较鲁莽"。他表示,学习英语已经不再纯粹由国家意志决定了,这是中国走向世界的必然需求。

俞敏洪说,即使在美国、欧洲等国家,孩子们都有第二外语的考试。"这标志着现在的世界不再是孤立的世界,所以学习英语对孩子来说仍然是一件有好处的事情。"

虽然俞敏洪并不赞成取消英语考试,但他提出降低英语在高考中的比重,或者降低英语在高考中的难度。"如果有的家庭希望孩子未来出国深造,自然会给孩子增加英语学习的量,但英语对于普通老百姓,尤其是边远地区的孩子来说,学习起来依然有一定的困难。"

俞敏洪举例说,北京学生的英语水平较高,山西、四川山区学生的英语水平较低,但是高考却使用同样的英语试题,"这就会导致对孩子的不公平竞争,从这个意义上来讲,我是主张英语难度下降,但我不主张取消。"

(来源:搜狐教育)

观点碰撞

关于高考取消英语科目的辩论

正方:高考应该取消英语科目

反方:高考不应该取消英语科目

同学观点:

正方:绝对支持啊,英语改为选修,喜欢的或者需要用的人学,不需要或者没天赋的人不学,这样最好,因为强制全民学英语,不知道多少个爱因斯坦或者钱学森似的偏科天才被埋没了!

反方：我觉得应该加大英语教育力度，现在的时代，英语的普及率必须提上去，毕竟是世界语言。

正方：大部分人走上社会以后会发现英语确实没用，只培养专业人才就行，或者不加入考试，支持改为选修课。

反方：英语永远不会取消，世界上多数的学术文献是英语的，翻译完的只是其中的一小部分，不学英语何谈学术研究？而且翻译过来的文献永远没有原版的纯粹。有的同学还特地去买英文原版的《哈利·波特》看呢。

正方：我第一年高考就是英语不好考得不理想，复习一年考上了个"211"，英语让我受了很多苦。

反方：现在都是国际化的，多学一门语言有什么错，而且这么多年都过来了。你说降低分数比重，我还是支持的。

正方：支持，中国人没必要强制学英语，因为不是人人都会出国和外国人打交道。所以需要用英语的人自己报培训班就可以，效果也比学校教得好。

反方：取消英语，那就更没人学了。本来英语就整得很复杂，各种语法词组的，整得像理科。枯燥乏味本来就不爱学，取消了估计就更没人愿意为了一个英语下功夫。

正方：大部分英语考试及格的人看不懂外文原文，绝大部分英语考试及格的人无法和老外正常交流。有个笑话，学生在台上用英语演话剧，结果全校都看懂了，就外教一脸迷茫。

反方：作为学长，我想说，英语真心重要。到了大学理工科八成都有英文文献和资料，还有财会有些科目都是纯英文教材，医学大一就开始学习各组织器官的英文了，计算机专业都是英文软件，还有其他很多例子。

🍎 智慧心语

沃森和克里克是DNA双螺旋结构的发现者和DNA半保留复制假说的提出者,1953年3月7日,他们构建的DNA双螺旋结构模型准确地描述了DNA分子的结构,标志着遗传学和生物学从细胞时代进入了分子时代,他们两人也因为在这方面的贡献,分享了1962年的诺贝尔生理学或医学奖。

沃森和克里克固然是伟大的生物学家,但是他们的成功背后有着多个学科的贡献:

莫里斯·威尔金斯,英国分子生物学家,用X衍射技术研究DNA的结构,意识到DNA是一种螺旋结构;罗莎琳德·富兰克林,英国物理学家和晶体学家,拍摄到十分清晰的DNA衍射照片;莱纳斯·卡尔·鲍林,美国化学家,发表关于DNA三链模型的研究报告,这种模式被称为α螺旋;卡伽夫,奥地利生物化学家,测定了四种碱基的数目,腺嘌呤的数目等于胸腺嘧啶的数目,鸟嘌呤的数目等于胞嘧啶的数目,即卡伽夫法则。

DNA双螺旋结构的发现过程,是科学史上经典的学科交叉融合的范例,也是融会贯通这一成语的现实体现。

融会贯通,语出宋代朱熹的《朱子全书·学三》:"举一而三反,闻一而知十,乃学者用功之深,穷理之熟,然后能融会贯通,以至于此。"说的就是要把所学的道理和知识有机地融合在一起,从而得到全面的理解。今天,在日益开放和多元化的世界格局中,国际化视野和创新意识已经显得越来越重要了,而融会贯通则是达到这种要求的必经之路。"文理农工哲史法政音美体",不管我们愿不愿意接触,各种领域的知识就围绕在我们身旁。

回到高考取消英语科目的话题上来,随着我们国家改革开放的深入和"一带一路"倡议的推进,不管高考是否取消英语科目,都无法阻挡人们学习英语的脚步。学好英语,进而融会贯通这一语言,用好这门语言来提升自己,把自己锻造成一个全面而又均衡发展的自己,才能更好地为中华民族的伟大复兴做出自己的贡献。

🎓 成长空间

新高考改革以来,同学们有了更多的选择,可以和同学们分享一下,你所选择的三门学科之间有什么可以联系的地方。

没有选择物理、化学、生物和技术的同学,可以试试选一本科学类杂志,了解前沿的科学知识,来探索一下自己所生活的世界,培养一点理科思维;没有选择历史、政治和地理的同学,可以试试选一本人文类杂志,了解一些社会动态、地理人文和历史故事,培养一些人文素养。

身边故事

复旦大学的自主招生考试不分文理科,所有考生都做同一张试卷,共200道选择题,内容涉及语文、数学、外语、政治、历史、地理、物理、化学、生物和计算机,共 10 门科目。

复旦大学校长助理、招办主任丁光宏解释:"高中的知识都是人类文明的精华或者一些基本的东西。作为现代文明人或者高素质的人,都是必须掌握的,不能偏废。我们出题的要求是 50%—70%是基础知识及其运用,全部题目都在中学知识范围之内。语文、数学和英语可能难度大一点,因为这是基础,要求每一位同学都应该掌握的。"

反思讨论

1.你认为复旦大学老师的观点对吗?为什么?

2.想一想,假如你读的是理科,你觉得文科知识能如何帮助你?假如你读的是文科,你觉得理科知识能如何帮助你?

3.怎样做一个具有宽广知识,拥有深厚人文底蕴的现代人才?你有好的方法和建议吗?(填写在下方)

> 你的思考:
>
>
> 你的做法:

 **旁征博引**

对世界上的一切学问与知识的掌握也并非难事,只要持之以恒地学习,努力掌握规律,达到熟悉的境地,就能融会贯通,运用自如了。
——高士其

想象力和现实融会贯通在一起的时候,巴尔扎克小说的可惊异的本质,才能以一种最完美的现实与幻想混合而成的姿态出现。 ——茨威格

学而不化,非学也。 ——杨万里

拓展延伸

浙江大学校歌歌词(含译文)

《浙江大学校歌》原名为《大不自多》,创作于1938年,由著名国学家马一浮作词,著名作曲家应尚能谱曲。2014年教育部新闻办公室官方微博"微言教育"公布了最受网友欢迎的高校校歌前十名单,《浙江大学校歌》荣登榜首。

歌词	译文
大不自多，海纳江河。	大海浩瀚而不自满，所以能容纳千江万河。
唯学无际，际于天地。	大学学问广阔无际，延伸到整个天地。
形上谓道兮，形下谓器。	超越形体的称为道，有具体形貌的称为器。
礼主别异兮，乐主和同。	礼制区别人们差异，音乐使民众和谐相处。
知其不二兮，尔听斯聪。	明白它们的统一关系，就会更加聪慧明智。
国有成均，在浙之滨。	有一所国立大学，在中国东南的浙水之滨。
昔言求是，实启尔求真。	它以求是为宗旨，其实就是启迪大家求真。
习坎示教，始见经纶。	学校教育循序渐进，方能培育出治国才俊。
无曰已是，无曰遂真。	莫言已把握事物本质，更莫言已穷尽真理。
靡革匪因，靡故匪新。	有变革不需因袭，没有旧事物不需更新。
何以新之，开物前民。	怎样改革创新？探究事物，做大众的先导。
嗟尔髦士，尚其有闻。	诸位年轻的英才，应当明了这些重要道理。
念哉典学，思睿观通。	要专注于学业，力求思想深刻、识解通明。
有文有质，有农有工。	我们有人文、科学、农业、技术多种学科。
兼总条贯，知至知终。	要融会贯通，掌握知识的源流和实践运用。
成章乃达，若金之在熔。	日后成才成功，犹如真金经过熔炉的冶炼。
尚亨于野，无吝于宗。	要胸襟宽广，不偏守门户之见、宗派之私。
树我邦国，天下来同。	努力振兴祖国，使世界各国人民和谐共处。

第 三 章

成 长

希望同学们把创新思维和社会实践紧密结合起来。科学理论、创新思维来自于实践，又服务于实践。同学们要做到勤于学习，善于思考，勇于探索，敏于创新，激发求知欲和好奇心，在打好知识根基的前提下，提高创新思维能力，不断认识和掌握真理。同时，要坚持理论联系实际，积极投身社会实践，在基层一线砥砺品质，在同人民群众的密切联系中锤炼作风，在实践中发现新知，运用真知，在解决实际问题的过程中增长才干，不断提高实践能力、创新创业能力，及时掌握建设国家、服务人民的过硬本领，为走上社会、成就事业打下坚实基础。

（来源：《胡锦涛在清华百年华诞上的讲话》）

第一节 思 考

现实扫描

我搜索谷歌，所以失去了思考能力（节选）

"谷歌是否让人变得愚蠢了？"（"Is Google Making Us Stupid?"）是美国《大西洋》杂志上最近一篇文章的标题，这个标题具有一定的挑衅性。作者是著名的博客作家和互联网的著名反对者之一——尼古拉斯·卡尔（Nicholas Carr）。他写道："在过去一些年，我有一种不舒服的感受，觉得有人，有东西，一直在修补我的头脑，重新设计神经路线图，重新构造我的记忆。我的思想不运动了，就我所知，它在变化。我已经不再用从前的方式思考了。"

强大的搜索设施加上网络相关链接的简便化是腐蚀卡尔注意力集中的罪魁祸首。为了提高搜索的效率，它隐含性分配越来越小的优先权给予记住东西的能力。

（作者：约翰·诺顿）

故事链接

下班回到家，看到儿子电脑网页上的百度栏里赫然写着"在线翻译"四字，原来他正用百度搜索引擎做老师周末布置的英语翻译作业。在发现儿子的这一"秘密"后,我很生气,教育儿子以后不要再用这种网络工具的时候,儿子却振振有词地说他们班上的同学大部分都在用,而且准确率高,老师不会批评。"现在孩子懒得动脑,不愿思考,都是让网络给害的。你瞧,现在连小学生都学会上网搜作业答案了,自己根本不思考,这怎么行啊!"近日,有许多家长反映,他们的孩子在做作业的时候,一碰见不懂的问题就上网搜索,这种行为让家长很头疼。"有事问百度"成为很多人的口头禅,而作业不懂找百度也成为学生最便捷的学习方式。所以有不少家长对此提出疑问,搜索答案是一种好的学习方式吗?长此以往,会弱化孩子的思考能力和学习能力吗?

(来源:网络)

观点碰撞

网络让孩子丧失了思考能力

青青老师:我是初中语文老师,有一次周五,我布置了一篇题目为《痕迹》的作文,要求学生们利用周末写出来。周一我看学生们的作文,全班 46 个学生竟然有 20 多个都引用了"天空没有翅膀的痕迹,但鸟儿已飞过"这句话,并且大部分作文的观点和主题都很雷同。我问了几个学生是怎么写的,他们说是百度了一下,挑了几个觉得好听的句子,就开始写了。这样靠网络来找例子写作文的学生越来越多,学生自己不动脑,我们当老师的很着急。

35 网友:将人不会思考的责任全部推给网络,推给搜索引擎是不对的。我觉得借助网络这一工具本身没有错,关键在于自身的学习态度。只要不是一有不懂就问电脑,学习过程还是有思考的!

47883 回:我不赞同上一个网友的说法,这明显是给自己的懒于动脑找借口。问题就是现在的学生已经习惯一不懂就搜索,全然没有思考、质疑、出错、纠错这几个必要环节。思维是一个循序渐进的过程,不可能这么快捷。借助电脑，只会让循序渐进成为一句空话。而且我知道有很多学生很依赖这种网络答案学习，从理科作业到作文，再到英语翻译等，本质上挤压了自己思考的空间和时间。

小小网友：如果一道不会的题目经过思考后还没有得到解题思路，那么再借助百度搜一下解题思路，看一下别人是怎么做的，自己也知道怎么做了，那我觉得这个是经过思考的。有自己的思考，借助工具也无妨。

网友 4：什么叫借助，搜一下解题思路？这种方式很诱惑人，容易让人形成依赖心理：做不出来没关系，反正网上可以查到。最后的结果就是自我的思考能力下降，学习方法单一，而且还不知道自己哪些题会做，哪些题不会做，因为借助网络把老师和自己都搞迷糊了，作业本上都是对的。我觉得一个人真的要培养思考能力，单就从学习知识的学习方式而言，搜索学习的方式弊端太多。

我是高三生：我是一个高三学生，基本上每天都要做模拟题，每周至少有一次模拟考试。题量这么大，如果上网把不会做的题搜一下，然后经过自己的思考加工，就能在相对比较短的时间内做对更多的题目，我并不觉得在网上搜答案有什么不好，但前提是搜索答案前自己必须思考。

维他命：我觉得我们现在太强调信息的量和查阅，确实不够强调学生的独立思考能力。依赖电脑功能的最后必然是人自身大脑的弱化。而且学生的自制力是不强的，大部分学生有了答案就有了依赖性。思考能力的培养从某种角度来说也包含探索一种新的学习方法，借助网络这一学习工具替代了自己探索，本身就削弱了思考能力。

"成功"人士：很多学生是打着借助网络工具的旗号，实则偷懒。孩子从小就上网查答案，这种学习的态度和习惯一旦养成，他怎么可能培养起独立思考的能力？网上什么都有，需要他独立思考干什么？

嘻嘻哈哈：实际上卡尔对搜索谷歌的尖锐批评不是针对搜索引擎本身，而是针对越来越强的依赖心理对独立思考的冲击。如果一个学生滋生了这种可以借助电脑搜索答案的心理,思考的机会必然减少,能力也肯定下降。

(来源:网络)

 **智慧心语**

对个体而言,健全的思考能力比任何事物都要实用。无论你所处的境况是怎样的,无论你身处何方,面对的是什么样的问题,只要具备思考技能,你将始终保持良好的状态。思考和好奇心本是人的天性,但"知识爆炸"时代,客观上对我们每个人的思考能力都提出了挑战。一种挑战即来源于互联网,大量信息客观上扩大了人类大脑的储存量,但同时也替代了大脑的许多功能,其中思考的许多功能就被无形的网络所替代。

比尔·盖茨之所以有今天的巨大成就,与他从小养成的善于思考的习惯是密不可分的。当母亲叫他吃饭时,比尔·盖茨置若罔闻,甚至整日躺在卧室里不出来。当母亲问他在干什么的时候,比尔·盖茨总是说:"我正在思考!"有时他还责问家人:"难道你们从不思考吗?"比尔·盖茨的头脑似乎时刻都在高速运转。直到现在,微软公司还流传着这样一种说法:"和大多数人谈话就像从喷泉中饮水,而和盖茨谈话却像在救火的水龙头中饮水,让人根本应付不过来,他会提出无穷无尽的问题。"

思考有一个最大的特点,那就是去掉依赖心理,培养独立意识。只有这样,才能让思考有比较充裕的时间。网络是人类的好工具,但网络永远替代不了人类的大脑,更替代不了人类的思考能力。如果过度地依赖网络,而弱化了大脑思考的机会,那将是人类最大的损失。所以,当你开始搜索答案的时候,有必要问自己一声:我思考了没有? 我是不是又依赖网络了?

成长空间

思考:你有思维依赖性吗? 如何解除? 谈谈你的看法。

身边故事

陈明明,某重点中学高一的学生,他在班级中有个"雅号",叫"问题专家"。因为每节课下课围在老师身边问问题的人群中总有他的身影,自修课或是中午,老师的办公室里也总有他的身影。"不懂问老师"是他非常信奉的一种学习方法。可是很奇怪的是,他的学习好像总有点问题,但他又不知道问题出在哪里。有一次他和一个高三的学长聊天,高三的学长对他说,问问题这个学习方式是好的,但关键是问的问题需要自己独立思考过。如果一有问题就问,没有自己的独立思考,问问题就变成了一种依赖,对学习是没有帮助的。陈明明觉得学长说得有点道理,但又觉得不完全对,他有点困惑了。

反思讨论

1.对于陈明明爱问问题的学习方法,你是怎么看的? 你觉得他的这位学长说得是否有道理? 为什么?

2.如何让问问题的这种学习方法更有效果? 你有什么好的方法和建议吗?

3.独立思考包括哪些内容? 在实际的学习生活中,你有哪些思维依赖?（填写在下方）

你的独立思考能力如何:

解除思维依赖,你的策略有哪些:

旁征博引

> 学会独立思考和独立判断比获得知识更重要。不下决心培养思考习惯的人,便失去了生活的最大乐趣。发展独立思考和独立判断的一般能力,应当始终放在首位。
>
> ——爱因斯坦
>
> 智力取消了命运,只要能思考,他就是自主的。
>
> ——爱默生
>
> 独立思考能力是科学研究和创造发明的一项必备才能。在历史上任何一个较重要的科学上的创造和发明,都是和创造发明者的独立地深入地看问题的方法分不开的。
>
> ——华罗庚

拓展延伸

"六顶思考帽"

"六顶思考帽",是由爱德华·德·波诺博士开发,并在西方企业界广泛流行的思维训练方式。它提供了"平行思维"理念,从而避免把时间浪费在无谓的争执上。它的主要功能是:为人们建立一个思考框架,在此框架下按照特定的程序思考,促使我们依次从不同角度进行思考,对问题的不同侧面给予足够重视和充分的考虑。

黑色思考帽——黑色是否定、怀疑,合乎逻辑地进行批判,找出逻辑上的错误。

白色思考帽——白色是中立而客观,代表事实和现象。

红色思考帽——红色是情感色彩,直指我们的感觉、直觉和预感。

黄色思考帽——黄色代表价值与肯定,代表与逻辑相符合的正面观点。

绿色思考帽——绿色象征勃勃生机,寓意创造力和想象力。

蓝色思考帽——蓝色负责控制和调节思维过程。它负责控制各种思考帽的使用顺序、规则和管理整个思考过程,并负责做出结论。

系统地运用这六顶神奇帽子,让它们在思考过程中发挥神妙的决策作用,能使问题得以立竿见影地解决。

培养独立思考能力

①区分客观真理和主观成见,哪些是经过长期实践检验的事实、定理、定律或理论,哪些只是未经证实的传说、成见、信仰或迷信。对前者主要是虚心学习弄清道理,不要花很大精力去对着干。例如科学已证明不可能发明永动机,那就不必硬去造了。后者则不然,它们往往是前人硬塞在我们头脑里的一堆成见或捏造,例如"地球中心说""物种不变论"等等。

②正确的结论是怎样获得的? 有哪些事实或理论根据? 在证明中有哪些方法和技巧值得学习? 能把它用到别的问题上去吗? 我能不能再给出新的证明?

③对某个结论你是否有些怀疑? 如果觉得它的证据不充分,甚至有漏洞、有问题,就要试图举出反例或用实验来推翻它。

④如果时间、地点、条件变了,某个结论还正确吗? 需要做哪些修改?

⑤某些概念、结论、定理、规律之间,有没有本质联系? 它们与其他学科的内容有无类似之处?

⑥现在有一个急需解决的问题,能从这本书中找到答案、方法或启示吗?

(作者:王梓坤)

第二节 创 新

现实扫描

创新托起"中国梦"

实现中国梦,必须弘扬中国精神。这就是以爱国主义为核心的民族精神和以改革创新为核心的时代精神。

爱国,我们有深厚的历史基因、民族传统和现实土壤。

创新,我们又处在什么样的历史方位和现实维度上呢?

20世纪,全世界共有重大发明18项,其中美国完成9项,英国4项,苏联3项,德国1项,只有基因图谱排序吸收中国参加,但我们仅占1%的工作量。

让我们看看"李约瑟难题":"为什么直到中世纪中国还比欧洲先进,而近代科学和科学革命只产生在欧洲呢?"

让我们再看看"钱学森之问":"为什么我们的学校总是培养不出发明创造的杰出人才?"

让我们再看看"岳南疑惑":"蔡元培、王国维、梁启超、陈寅恪、钱锺书……,为何大师之后再无大师?"

党的十八大提出实施创新驱动发展战略,为推动发展更多依靠创新驱动指明了方向。

习近平总书记强调,实施创新驱动发展战略,是立足全局、面向未来的重大战略。

面对这一事关中华民族伟大复兴的重大战略，"中国创新"是否是"中国精神"的一块短板？创新托起中国梦，还应该朝哪些方面努力？

"问题是时代的声音。"带着这些疑问和思考，本刊约请有关专家学者，围绕"大学精神与中国创新""基础教育与中国创新""传承吸纳与中国创新""体制机制与中国创新"等，进行理论探讨和阐释，旨在进一步提出和发现问题，找寻创新不足，增强创新自觉，树立创新自信，实现创新自强。

应该看到的是，中华人民共和国成立以来，特别是改革开放以来，"中国创新"早已迈出铿锵有力的步伐，取得举世瞩目的成就。

神九飞天、蛟龙入海、高铁速度、国际超级计算机……创新中国的科技进步，令中华民族扬眉吐气。

"杂交水稻之父"袁隆平、"汉字激光照排之父"王选，创新中国的科技人物，改变了中国，也改变了世界。

当有人疑问"中国的乔布斯和斯蒂芬·霍金在哪里？"时，惊回首，中国科学家首次在实验上发现"或将引爆信息技术新革命"的"量子反常霍尔效应"。

当有人慨叹"大师之后再无大师"时，惊回首，莫言走上了诺贝尔文学奖的领奖台。

当有人担心"中国水土不养人"时，惊回首，美国媒体发出了"中国会否成为全球人才大熔炉"的忧虑。

当有人探究"中国科技何时发出耀眼之光"时，惊回首，《纽约时报》预言：中国在创新领域终将超过美国。

创新是民族进步的灵魂，是一个国家兴旺发达的不竭动力。

创新、创新，还是创新，让我们用"创新"为"中国梦"插上腾飞的翅膀。

（来源：《思想政治工作研究》 作者：常青）

故事链接

武汉科技大学中南分校：不搞创新不能毕业

2010 年，武汉科技大学中南分校首次"创新学分"评审结束，该校大二 200 多名学生获不同档次的创新学分。该校出台的《学籍管理规定》明确规定，"学生修满 2 个创新学分方可毕业"，并从该校 2009 级学生开始施行。

记者了解到，创新学分评审分为理工类、文科类、艺术类等 3 个类别，分别由相应的评审委员会从成果的创新性和价值两个方面，按照百分制打分后，再折算成相应的创新学分。

商学院学生王瑞撰写的有关武汉城市轨道交通规划方面的一篇论文，经评审打分后获得 2 个创新学分；信息工程学院一学生的成果因获得国家专利，直接获得 10 个创新学分。

申报创新成果的 279 名学生（含团队）中，有超过 20% 的成果因价值不大被淘汰，他们需重新申报。由于创新学分与毕业挂钩，部分学生感到了压力。

校方称，设置创新学分是为了激发创新意识、培养创新思维、提高创新能力。学生的实物、设计、创作、论文、报告等成果，都可申报创新学分。

对此，武汉大学教科院教授胥青山认为，高校设置创新学分有其积极意义，它从制度上保障了创新的教育体制，打破了中国学生只注重积累，不注重创新的现状。教育不能一方面培养学生，一方面又扼杀学生个性；培养创新人才需要有良好的育人环境做保障。

（来源：《长江日报》）

观点碰撞

工程硕士：我们不能矫枉过正，为创新而创新，生搬硬套只会让创新流于形式。我回国后特地来上海世博会参观德国馆。在德国，工科主要是为了培养工程师，并不刻意要求创新，而中国则强调理论创新。比如，写硕士毕业论文时，德国的大学在公式、参数方面要求很严格，论文只要做好即可。在中国，参数、公式无所谓，而论文却不能仅止于"做好"，答辩时必须提出某方面的创新点。可是，哪有这么多创新点呢？强制性提出要求，创新就显得勉强，逼着学生在理论上抄袭或重复。

网友 4：李开复在写《给中国高校的一封信——请培养 21 世纪企业需要的人才》的信中就提到"为了创新而创新"的倾向是最不可取的。创新的土壤还是在于思维方式的转变。中国人较西方人缺乏创造力，这一直是教育的热点话题。根本的原因还是在于思维方式的不同。中国人更注重聚合思维的培养，而西方人更讲究发散思维的培养。

网友 5：聚合思维与发散思维同步发展，才能使人既有知识基础，又有创新能力。但聚合思维的发展往往是以牺牲发散思维为代价的。只是用一种思维方式思考问题，容易造成心理定式与功能固着。如何达到聚合思维和发散思维的互补，使创新思维得到发展，这是需要好好研究的。

小学老师：实际上我们从小就在培养这种思维方式，如小学里经常要求学生的一题多解，就是一种发散思维的培养。实际上，发散思维更强调的是我们在面临问题，解决问题时，朝着多个方向去思考，去探索各种解决问题的正确答案的一种思维形式。我们应当从小多培养这种思维方式，这才是培养创造性思维的突破口。

（来源：网络）

智慧心语

是否能获得诺贝尔奖涉及多方面的因素,对于能否获得这一奖项,我想中国人应该保持一颗平常心。但是,如果我们能够通过对这一现象的反思,找出自身存在的问题加以改进,其意义可能会远远超出获奖本身。

有人认为是中国教育中对知识积累的要求高于知识创新。不得不承认,中国的教育模式和西方的教育模式确实有很大的不同,但不同并非代表不对,关键是我们如何来更好地改进,既能让中国的教育优势得到发挥,又能弥补其中的不足。

"在日常生活中的创新表现是创造力的最大表现,也是个人成功的最大表现。"美国著名心理学家斯坦伯格的这句话说得很好。"创造力认知非凡化"实际上是阻碍我们很多人创造力发展的重要因素。中国人对创造力的认识一向受到"非凡论"观点的影响,即将创造力与科学技术的重大突破和发明联系起来,认为创造力是少数天才人物的专长,是特殊能力的表现。但事实是,创新人人有份,机会处处皆有。创新是一种选择,小到一个主意、一个念头、一个行动、一个判断,大到一个决策、一个影响到历史进程的发明与发现等等。重要的是你得不断地进行思考、选择。

现在学校开设的研究性学习就是一种要求同学们自主探索、自我选择的创新课。有些同学能够抓住这样培养自己创造力、研究力的课,找资料,做访谈,搞调查,做出了很多具有创新性的成果。这充分说明,不是我们没有创新的土壤,而是你是否会充分利用身边的资源,去思考,去发现,去探索。

🎓 成长空间

锻炼锻炼自己的创新性思维

1. 跳跃联想训练

请你们在纸上快速写出联想到的词汇,比如大海——鱼——渔船——天空……下面以"电"为题。

(1)电——电话——电视——电线——电灯——电冰箱——食品——鸡蛋……

(2)电——闪电——雷鸣——暴雨——彩虹——太阳——宇宙——外星人……

(3)电——能源——石油——战争——伊拉克——美国——科技——强大……

(4)电——危险——机遇——成功——能力——艺术——自然——规律……

(5)电——风筝——节日——情人——红豆——袁隆平——荣誉——军人……

问:上述5组联想哪组属于思维跳跃度比较大的,哪组是思维跳跃度比较小的?

你的答案是什么?请在一分钟内作答。

2. 强制联想训练

请分析鸡蛋和宇宙有哪些联系?(在3分钟内写出10个联系)

"回形针可以用作什么?"至少举出15种。

3. 图形创造力训练

10分钟内,以每对直线为主体,任意在两条线间、线外加上一些线条或圈点,画出别人意想不到的新奇有趣的图画或图形,要求画得越多越好,并在每张图下面写出标题。

1._____ 2._____ 3._____

4._____ 5._____ 6._____

旁征博引

创造者才是真正的享受者。　　　　　　　　　　　——富尔克

竞争优势的秘密是创新,这在现在比历史上的任何时候都更是如此。创造力对于创新是必要的,公司文化应该提倡创造力,然后将其转变成创新,而这种创新将导致竞争的成功。　　　　　　——美国《未来学家》

不断变革创新,就会充满青春活力;否则,就可能会变得僵化。　——歌德

拓展延伸

创造性思维

创造性思维是创造力的核心和关键所在。人的思维有形象思维、逻辑思维和直觉(灵感)思维三种基本形式。与直接和具体反映客观事物的感觉和知觉不同,作为人类认识的最高形式的思维,是对客观事物间接的和概括的反映。从思维活动结果来看,上述三类思维活动又可以分为"再现性思维"和"创造性思维"两大类。

"创造性思维"具有以下重要特征:思维状态的主动性、思维方向的求异

性、思维路径的综合性和变通性、思维进程的突变性和顿悟性、思维成果的新颖性和独创性。联想、幻想、逆向等思维只是创造性思维的几种形式。

理论研究及实践都证明，在创造性思维中起重要作用的思维形式有联想思维、幻想思维、灵感思维、直觉思维、发散式思维、收敛式思维、逆向思维等。它们都是非逻辑性思维，主要由人的右脑控制，因此，开发右脑是增强创造性思维的关键所在。没有这些非逻辑思维就不可能实现思维的突破，但没有严格的逻辑思维，就不可能形成正确的、科学的结论。正因为如此，人类的创造性思维是任何高功能的计算机都无法替代的。创造性思维不仅是形象思维和逻辑思维相结合的产物，而且也是潜意识和显意识相结合的产物。

迄今为止，人类只认识了脑的一小部分功能，就像冰山之一角。人脑的大部分功能就像潜藏在海面下的巨大冰山一样，潜藏着非意识、无意识的更多功能——潜意识。因此，不断开发人脑的功能，对提高、增强我们创造性思维的能力，进而增强我们的创新能力具有十分重要的意义。

（来源：《学习方法决定学习成绩》）

聚合思维和发散思维

聚合思维就以逻辑思维为基础，十分强调事物之间的相互关系，是一种逻辑思维，演绎、归纳思维，追求问题解决的唯一正确的答案；而发散思维则以形象思维为基础，是想象力，不强调事物之间的相互关系，也不追求问题解决的唯一正确答案，它试图就同一问题沿不同角度思考，提出不同的答案。

例如，在聚合思维中，1加1只能等于2；但在发散思维中1加1可以有各种答案，如等于3（夫妻结婚生子），等于1（两个人齐心协力，拧成一股绳）。而在汉语中，它还可以等于二、十、王、田等，凡此种种都是发散思维或想象力的表现。

第三节　实　践

现实扫描

"小青荷"向世界绽放微笑

2016年G20峰会期间,在杭州各处,都能看到一批身着统一服装的年轻人。从峰会会场到宾馆酒店的迎宾台,从西湖边的微笑亭到机场车站,这些从杭州各大高校和全国其他地区挑选而来的大学生志愿者站姿笔直、笑容灿烂、服务贴心、训练有素。他们有一个共同的名字:小青荷。

早在8月底,"小青荷"们便已悄悄绽放在杭州的每一个角落。在杭州萧山机场,由于航班班次不同,许多志愿者接待外宾的服务时间都要持续到凌晨。面对各国来宾和各式各样的突发状况,过硬的英语功底让他们不仅能在短短的几分钟接触里与他们礼貌交谈,还能专业地解答外宾的疑问。"小青荷"的热情让每一位外宾感受到宾至如归。

事实上,为了这每一次短短几分钟的交流能给外宾们带去良好的印象,"小青荷"们早在2016年3月就开始了严格的培训。"把卡纸放在膝盖中间,或是用头顶住,这样才能保持端正的站姿。""扣上衣扣子要扣两粒,外衣拉链拉到领口的缝线为止。""女生的妆容必须淡雅,长发得扎成马尾辫……""小青荷"们在寝室里、形体房、马路边一遍遍练习各种动作,追求着细节,追求着完美。

"小青荷"们的站、坐、走、蹲、手势等都有标准,称呼礼、问候礼、介绍礼、握手礼、引导礼等也有标准，唯有微笑没有固定的"标准"。"接天莲叶无穷碧，映日荷花别样红。"在 G20 期间服务的每一天里，志愿者们始终保持着如花般灿烂的笑容，这些温馨的表情也成了来宾们来到杭州后，对杭州这个美好城市的第一印象。

除了"小青荷"，G20 期间，活跃在杭州各个角落的还有 156 万城市志愿者，正在用他们的行动和微笑，向世界展示着中国城市文明新形象，向世界展示着一个谦和有礼、人文昌盛的"中国主场"。

为了迎接家门口的盛会，杭州民众争当志愿者。"武林大妈""石桥大伯""天水义工""文晖和事佬""上城黄哨子"以及"米市小红帽"等有着各种称谓的平安巡防志愿者队伍纷纷亮相。这些志愿者多为"老杭州人"，每个人就是一个移动的"数据库"，社区里的每个单元、每户人家、每个角落的情况他们都烂熟于胸，凭借自身"本土"优势，发挥余热。

68 岁的周梅仙从 1994 年开始从事志愿工作，每天走街串巷提醒东家关门西家防火。"G20 来了，我们要把老杭州人的'精、气、神'展现给客人们看。"为 G20 杭州峰会进行志愿服务，她自豪地称自己为"运河大妈"。

9 月初的杭州，依然保持着 30 多度的高温。志愿者们在炎炎烈日下坚守岗位，为 G20 杭州峰会做着后勤服务。一位"小青荷"说，这些日子以来，她听到的最多的一句话就是"谢谢你"。谢谢你们，杭州的志愿者们，谢谢你们为这座城市做出的贡献。

（来源：央视网　作者：刘畅）

故事链接

被斯坦福大学录取后主动申请延期

2009年6月18日，高考结束的第10天，在不少考生还在考虑去哪儿玩的时候，18岁的李骐翰已经搭乘上午10时起飞的航班飞往四川，开始自己为期近1年的社会实践活动。

早在2009年5月，就读于北京世青中学的李骐翰就拿到了美国斯坦福大学的录取通知书。没像其他同学那样去准备入学前的学习，李骐翰向学校递交了延期1年入学的申请，利用这段时间，参加四川、甘肃等地的社会实践和志愿服务活动。

和志愿者一起去灾区服务

汶川地震发生后，看到那些揪心的报道，小李和同学们坐不住了。从那时起，小李就产生了到灾区去帮助那些受灾同胞的想法。利用高二暑假，小李和父母两次赶往四川的绵竹市和彭州市。在灾区，触目惊心的场景深深烙在了小李的心中，他捐出了这几年来获得的3万元奖学金，帮着那里的灾民建成了以在地震中牺牲的谭千秋老师名字命名的"千秋书屋"。

拿到3所美国大学录取通知书

小李就读的世青中学除了日常的授课外，同学们参加的课外活动也很多。小李在这里也找到了自己发挥才华的天地。他是校园英文期刊的编辑，还参加了模拟联合国活动，同时也是学校篮球队的组织者之一。正是在上学期间大量的社会活动，使得小李觉得国外的大学更适合自己的发展。早在2008年年底，他就开始忙着准备材料，申请美国的大学。后来通过一系列的面试，小李申请的7所大学中，芝加哥大学、密歇根大学和斯坦福大学给他寄来了录取通知书。

主动申请延期入学

高中三年的学习和社会实践活动,让小李产生了多接触社会的想法。为此,小李打算申请延期1年入学,除了此次四川的志愿者活动,他还准备去甘肃,用半年的时间教那里的学生们外语,开拓自己的眼界,丰富自己的人生阅历。

在拿到录取通知书后不久,他就给斯坦福大学发了一封申请延期入学的电子邮件。一开始,小李还担心学校不肯让他延期入学,没想到的是,学校方面很快就回了信,还希望小李在实践结束后,能提交一份调研报告,这让他很兴奋。"这将是我人生路上的一份珍贵礼物。"

(来源:《北京晚报》)

观点碰撞

书本、知识和实践哪个更重要

当今社会许多岗位招不到人,同时,有很多人却无法找到工作,为什么会出现这样的矛盾呢?据招聘人员介绍,刚毕业的大学生,有足够的理论知识,但是操作能力不行,而没有足够的文化水平,也同样达不到公司的升职要求……知识与实践,到底哪个重要?

网友1:我认为学习书本知识比较重要,理论是实践的基础,你不会相应的理论,根本谈不上去做。如果国家不认为学习书本知识重要,那为什么还要要求上这么多年的学?很明显,只有先学习最基础的理论知识才是正确的,就像树根,只有养大养粗了,才能有助于树的成长,所以学习基础的书本知识更为重要。

网友2:我认为社会实践更为重要,有理论知识但不会用的话还是等于零。如今社会,为什么会有这么多的岗位要求有社会实践经历,主要进入社会还是要会做,就像英语吧,考过了四六级,但是一句话也不会说,那有什么用? 所以主要在于"用",在于实践。

　　网友3:我个人认为,学生还是应该以学习知识为主的。学生本身在这个年龄段求知欲、理解掌握能力都比较强,而专业知识作为社会实践的厚实基础在这样的年龄段培养还是很值得的。

　　网友4:社会实践更重要,因为对于社会需要的人才,专业知识固然重要,但更重要的是交际、配合、心态、实践经验。很多公司面试中专业考分都只是一个小小的参考,更重要的是考察这个应聘者的实践能力、表达能力、心态和心理素质等。纸上得来终觉浅,在学校我们最缺少的不是专业知识,而是对我们所学习的书本知识的实践。实践可以让我们学习的时候更有针对性,让我们学习的时候事半功倍。有反馈的学习和吸收更强,有实践的成长更快。

　　网友5:实践岂可与书本相提并论? 实践是一事一时的,书本则是各时代各民族的。如果实践的价值是一,书本的价值则是千,是万,甚至更多!

　　网友6:读万卷书,不如行万里路。在此我想说的是读万卷书与行万里路都是重要的,理论联系实际,才可能检验真理。不实践不会知道自己的规划是否全面,决策是否正确,计划是否可行,且人无完人,更无法预估到所有可能面临的问题,因此解决问题也需要具备灵活变通、随机应变的能力。

　　网友7:书本是不是总结实践经验后写出来的呢? 书本知识来自实践,却高于实践。你只懂得来自实践,却不懂得高于实践,这是你的悲哀! 实践不是知识,实践是应用知识、检验知识(均包括书本上的)和探求未知的知识。

（来源:网络）

智慧心语

清华大学校长给即将离校、走上社会的毕业生讲了五个"重要"：方向比努力重要，能力比知识重要，健康比成绩重要，生活比文凭重要，情商比智商重要。这五个"重要"确实重要。它不仅蕴含着深刻的哲理，同时也是对社会生活实践的高度概括和总结。

最近上海出台了《关于进一步落实中小学生社会实践工作的若干意见》，其中透露，学生参加社会实践、志愿者服务情况将作为综合素质评价的一项重要指标，同时也将作为学生评优、自主招生的必要条件和升入高一级学校选拔的重要参考因素。

据了解，学生社会实践活动主要包括考察（调查）体验类、社会服务与技能训练类、军政训练类、农村社会实践类、科技文化活动类、志愿者服务类等内容。

高中一、二年级学生参加社会实践、志愿者服务的时间一般每学年不少于 30 天，高三学生参加社会实践、志愿者服务时间一般每学年不少于 15 天；初中、小学高年级学生参加社会实践、志愿者服务的时间一般每学年不少于 20 天和 15 天。其中，高中阶段学生参加志愿者活动不少于 60 学时，初中阶段学生参加志愿者活动不少于 30 学时，小学高年级学生参加志愿者活动不少于 10 学时。

另外，上海市还将试行学生社会实践和志愿者服务的"电子学籍卡积分制"，健全学生综合素质评价体系。将学生参加社会实践、志愿者服务情况作为综合素质评价的一项重要指标，同时也作为学生评优、自主招生的必要条件和升入高一级学校选拔的重要参考因素。

在目前的教育体制中，我们大部分同学还是以积累知识为主要发展途径，但在未来，实践与知识要并驾齐驱，这已经成为不争的事实。事实上，目前学校的很多研究型学习的课程就是最好的学生实践活动课程,同学们可以抓住这类活动课堂,锻炼自己的能力,将知识运用在实际生活中,发展自己的社会交往能力,锻炼自己的胆量,提高自己的整体素质。同时学校团委也在每学期末开展志愿者活动,同学们也可以抓住这一契机,去奉献爱心,去关爱社会,去实践人生,去提高素质。

🎓 成长空间

利用寒暑假,和同学一起,参加几项社会实践活动,并记录实践感受。

身边故事

放寒假了,团委老师布置了寒假社会实践的要求,希望大家能自发组队,参加社会的各项公益实践活动。小陈在班里学习成绩优异,学习也非常勤奋刻苦。他已经早早安排好了寒假的复习计划。社会公益实践活动,根本不在他考虑的范围内,因为他认为这种活动只会浪费时间和精力,对高考没有什么好处。小雷同学在寒假也有自己的计划和安排,他要趁寒假好好地休息和娱乐,放松一下读书期间紧张的神经。什么社会公益实践活动,又累又无聊,在他看来,这些时间还不如用来上网玩游戏、聊 QQ。寒假结束了,有些同学交了非常优秀的社会实践报告,并被学校团委评为社会实践优秀分子。对此,小陈和小雷都满不在乎。

反思讨论

1.你有小陈和小雷的这种想法吗? 你觉得高中生参加社会公益实践活动有意义吗? 有什么意义?

2.有人说傻子才参加公益活动,有人说很多人参加公益活动是有所图的,也有人说高中还是读书的阶段,没必要这么早去参加社会实践,以后有的是锻炼机会,对此你怎么看?

3. 你与同学参加过社会实践活动吗？实践活动给你最大的感受是什么？你觉得社会实践锻炼了你哪些方面的素质？（填写在下方）

你参加过哪些社会实践活动：

你感受最深的是：

旁征博引

只有人们的社会实践，才是人们对于外界认识的真理性的标准。真理的标准只能是社会的实践。
——毛泽东

从思考中确立自我，从学习中寻求真理，从独立中体验自主，从实践中赢得价值。
——李开复

知识是珍宝，但实践是得到它的钥匙。
—— 托马斯·富勒

拓展延伸

美国大学重视学生哪些课外活动

美国高中生要想考上自己渴望的大学，除了平时成绩积累和通过各种考试之外，还要有与众不同的推荐信。这封由老师或社会组织负责人撰写的信，不再重复该高中生的学校学习成绩数据，而是用生动的事实向该生报考的大学讲述他或她积极参加课余的校内外各种社会活动的事迹。例如参加模拟联合国大会、在孤儿院当义工、到穷困山区义务支教等。

因此美国的高中生们被鼓励在校内外参加各项社会活动,如学生会、演讲团、艺术兴趣组、体育俱乐部、童子军、科研小组、医院看护队、图书馆助理员等,有些甚至到政府部门、公司、慈善机构等当临时工或义务工作者。他们所看重的实践活动有以下几种:

一、实习工作

如果你曾经利用自己的寒暑假参加各种实习工作,这实在是再好不过了。因为这是你走入社会最直接的方法,通过实习工作你会得到在学校、在家庭,甚至在社会公益活动中所得不到的经验。

二、体育运动

各大学都很注重招收运动员,这些学生入学后将加入大学的代表队,许多运动员学生还可得到体育奖学金。即使不是运动员,作为一名体育积极分子或者是爱好者,也是非常重要的。这一项目还与学生的身体健康有着密切的关系,所以被各大学高度重视。

三、俱乐部活动

高中各式各样的课外活动俱乐部,不仅为学生提供了发展兴趣的空间,也提供了形成特长、养成独立思考能力、锻炼工作能力和培养应变能力的机会。这里可以说是学校的第二课堂。

四、艺术表演活动

即音乐、戏剧、舞蹈等艺术活动。每个大学都有它们的文艺团体,有特殊艺术才能的考生会受大学欢迎。其实即使达不到较高的水准,它也会调节学生文化生活和学校的氛围,同时也对学生情操的培养和性格的形成起一定作用。

五、学生会工作

主要指参加学生会并担任各类学生活动的策划、组织和领导工作。这些工作能够锻炼学生的领导能力和管理才能,所以它不仅能反映学生的各项能力,同时也反映了学生在同伴中的重要地位。事实证明,许多后来的领袖人物,在学生时代曾经是学生团体里的骨干。

六、校刊编辑

以编写和采访为主的这项活动不仅为学生提供了写作、绘画、设计、采访、调查等技能演练的平台,同时也给了学生锻炼组织、协调、合作意识等基本能力的机会。

七、社会公益活动

它是培养学生关爱他人、关心社会的良好品德的最佳途径,例如红十字会的义务工作,社会公益筹款或救助活动,贫困地区的支贫活动,等等。大学是培养有知识、懂专业的年轻知识分子的地方,更是培养一个懂道德、爱社会的好青年的场所,所以所有的大学都很重视这一项。

后　记

　　虽然时间紧，任务重，但经过大家半年多的努力，《正气 大气 灵气：高中校本德育教材》终于定稿，并出版成册了！在决定出版《正气 大气 灵气：高中校本德育教材》时，每个参与编写的老师都惶恐不安，因为目前的德育教材中，小学的很多，初中的尚有，高中的基本空白。但没有教材并不意味着放弃高中生的德育教育，反而高中生更需要正确的价值观的引导。因此，编写一本符合高中生道德成长规律、尊重高中生心理需求的德育教材，并开展校本德育课程迫在眉睫。

　　近几年学校"正气、大气、灵气"的"三气"育人目标，强调体验式、生成式德育，已经形成了德育生活化、德育人本化的教育理念。这一理念不仅渗透在学校工作的方方面面，还贯穿在整本书当中。今天的高中生，已经具备基本的道德观、价值观，如果我们编写的德育教材只是许多道德故事的简单叠加，相信对具有较强思辨能力的高中生来说，已不具有太大的教育意义。因此，在本书的编写体例上我们打破了传统灌输式的德育教材编写模式，将社会生活中道德的争议、道德的困境不加任何掩饰地呈现给学生，针对一个主题摆出案例、引发观点、提出问题、进行讨论；在编写内容中我们放弃已有定论的道德故事，而选取有争议的社会热点新闻，让学生在讨论、思考、争辩的过程中澄清模糊的道德观，形成正确的价值观。同时为切合学校德育发展目标，提高德育的实践性，我们根据学校对学生提出的"三气"要求，将全书分为三大篇章，即正气篇、大气篇和灵气篇。每个篇章下分三章三节，所涉及的主体即为"三气"的具体内涵。

编写此书对于我们这群在一线工作的中学教师来说确实是一种挑战。中学教师教学任务繁重，而且有很大一部分教师还是班主任。难能可贵的是，我们这群一线的教师不仅克服了这些困难，而且发挥了自身的优势，即充分挖掘发生在校园里，发生在学生身边的故事。

看着电脑里老师们写了一遍又一遍，改了一次又一次的电子稿，编写过程中每位老师忙着筛选热点故事，数遍修改文章的情景又一幕幕地浮现在眼前：章瑜老师是班主任，自己手上的工作已经很烦琐了，可她为了让"诚信"这一章节更有新意和深度，不辞辛苦，一趟趟地跑图书馆找资料；教学处的潘晓燕老师，第一次的手稿因内容有争议而被要求重写，工作繁忙的她二话没说就重写了一稿……没有充裕的时间，大家只能在深夜敲键盘；没有丰富的资料，大家只能资料搜集共享；没有很强的写作功底，大家只能逐字逐句地修改文稿……辛苦没有白费，汗水没有白流，终于我们的高中学生有了一本属于他们自己的德育教材，学校德育工作也因为有了高中德育教材而更具有针对性和实效性！

依照本书的章节顺序，各章节写作分工为：

夏峰平撰写正气篇第一章"责任"；

刘　诚撰写正气篇第二章"文明"的第一节；

赵　璐撰写正气篇第二章"文明"的第二节；

刘梦泽撰写正气篇第二章"文明"的第三节；

章　瑜撰写正气篇第三章"诚信"第一、二节；

潘晓燕撰写正气篇第三章"诚信"第三节；

陈　琦撰写大气篇第一章"人生"的第一节；

卢春辉撰写大气篇第一章"人生"的第二节；

周群美撰写大气篇第一章"人生"的第三节；

徐元媛撰写大气篇第二章"人格"；

韦　璟撰写大气篇第三章"人际"；

惠广俊撰写灵气篇第一章"自知";

赵　璐撰写灵气篇第二章"厚积"的第一节;

周群美撰写灵气篇第二章"厚积"的第二节;

刘　诚撰写灵气篇第二章"厚积"的第三节;

冯冬怡撰写灵气篇第三章"成长"。

全书最后由冯冬怡统稿、定稿。

在此,我们编写组成员要衷心地感谢校长邱锋,是她给了我们写作的方向,使我们这本德育教材具有创新性和开拓性;我们还要感谢年级组各位同仁,帮我们出点子、想办法;我们更要感谢学校,是学校为我们提供了良好的写作氛围,并在物质和精神上给予了我们大力的支持。可以这么说,就是因为有这么多人的支持和帮助,这本《正气　大气　灵气:高中校本德育教材》才得以顺利问世!

因教材实际使用情况需要,编写小组对本书部分选文进行了删改。由于我们的教育视野及写作水平有限,此书不免会有错误或不妥之处,望各位读者能批评指正,不甚感谢!

编写小组全体成员

2017 年 8 月